桥梁工程设计与施工研究

李春生　颜　美　著

中国建材工业出版社
北　京

图书在版编目（CIP）数据

桥梁工程设计与施工研究 / 李春生，颜美著. 北京：中国建材工业出版社，2024.8. -- ISBN 978-7-5160-4208-3

Ⅰ. U442.5；U445.4

中国国家版本馆 CIP 数据核字第 2024A1Q185 号

桥梁工程设计与施工研究
QIAOLIANG GONGCHENG SHEJI YU SHIGONG YANJIU
李春生　颜　美　著

出版发行：中国建材工业出版社
地　　址：北京市西城区白纸坊东街 2 号院 6 号楼
邮政编码：100054
经　　销：全国各地新华书店
印　　刷：北京印刷集团有限责任公司
开　　本：710mm×1000mm　1/16
印　　张：10.5
字　　数：141 千字
版　　次：2024 年 8 月第 1 版
印　　次：2024 年 8 月第 1 次
定　　价：39.80 元

本社网址：www.jccbs.com，微信公众号：zgjcgycbs

前言

随着城市与社会经济的飞速发展，交通建设事业也有了很大的发展，尤其是道路桥梁工程的地位日渐凸显。桥梁作为交通基础设施的重要组成部分，扮演着连接城市各个区域的重要角色。对于桥梁设计与施工技术的研究，不仅关乎交通的畅通与安全，更关乎城市的发展和人们的生活质量。道路桥梁设计与施工关系着工程建设的质量和人们的生命和财产安全，正确认识当前我国道路桥梁设计与施工中需要解决的问题，并及时采取有效的措施予以应对，势在必行。

桥梁设计是桥梁工程的核心，直接关系到桥梁的安全性、经济性和美观性。它需要考虑众多因素，如桥梁跨度、荷载、地质情况以及设计寿命等。其中，桥梁跨度是桥梁设计中至关重要的因素之一。桥梁跨度的选择不仅要考虑到交通流量和负荷，还需要兼顾经济性和景观性。近年来，随着城市的扩大和交通压力的增加，越来越多的城市桥梁采用了大跨度桥梁设计，以提高通行效率和减少对城市空间的占用。另外，桥梁设计还需要考虑施工的可行性和技术要求。在设计中，要充分考虑施工过程中的施工工艺、施工工期和施工条件等因素，以确保施工的顺利进行。同时，还需要考虑桥梁的维护和养护需求，以增加桥梁的使用寿命和二级维护成本。

在本书的撰写过程中，参阅了大量的相关著作和文献，在此向其作者表示诚挚的感谢和敬意。由于作者水平有限，撰写时间仓促，书中难免会有疏漏不妥之处，敬请广大读者批评指正。

著　者

2024 年 4 月

目 录

第一章　桥梁工程概述

第一节　桥梁的分类

按结构体系划分，有梁式桥、拱式桥、刚架桥、悬索桥四种基本体系。

一、结构体系划分

(一)梁式桥

梁式桥是古老的结构体系。梁作为承重结构是以它的抗弯能力来承受荷载的。梁分简支梁、悬臂梁、固端梁和连续梁等。

(二)拱式桥

拱式桥的主要承重结构是拱肋(或拱箱)，以承压为主，可采用抗压能力强的圬工材料(石、混凝土与钢筋混凝土)来修建。拱分单铰拱、双铰拱、三铰拱和无铰拱。拱是有水平推力的结构，对地基要求较高，一般常建于地基良好的地区。

(三)刚架桥

刚架桥是介于梁与拱之间的一种结构体系，整个体系是压弯结构，也是有推力的结构。刚架分直腿刚架与斜腿刚架。刚架桥施工较复杂，一般用于跨径不大的城市桥或道路高架桥和立交桥。

(四)悬索桥

悬索桥就是指以悬索为主要承重结构的桥，悬索桥是大跨桥梁的主要形式。

二、按桥梁种类划分

按桥梁种类划分，有板式桥、梁式桥两大类。

(一)板式桥

板式桥是道路桥梁中量大、面广的常用桥型，它构造简单、受力明确，可以采用钢筋混凝土和预应力混凝土结构；可做成实心和空心，就地现浇为适应各种形状的弯、坡、斜桥，因此，在一般道路、高等级道路和城市道路桥梁中广泛采用。尤其是建筑高度受到限制和平原区高速道路上的中、小跨径桥梁，特别受欢迎，从而可以减低路堤填土高度，少占耕地和节省土方工程量。

1. 板式桥的特点

实心板一般用于跨径 13m 以下的板桥。因为板高较矮，挖空量很小，不便做空心折模，可做成钢筋混凝土实心板，立模现浇或预制拼装均可。空心板用于等于或大于 13m 跨径的板桥，一般采用先张或后张预应力混凝土结构。先张法用钢绞线和冷拔钢丝；后张法可用单根钢绞线、多根钢绞线群锚或扁锚，立模现浇或预制拼装。成孔采用胶囊、拆装式模板或一次性成孔材料如预制薄壁混凝土管或其他材料。

2. 板式桥的发展趋势

钢筋混凝土和预应力混凝土板桥，其发展趋势为：第一，采用高标号混凝土，为了保证使用性能尽可能采用预应力混凝土结构；第二，预应力方式和锚具多样化；第三，预应力钢材一般采用钢绞线。

板桥跨径可做到 25m，目前有建成 35～40m 跨径的桥梁。跨径太大，用材料不省，板高矮、刚度小，预应力度偏大，上拱高，预应力度偏小，可能出现下挠；若采用预制安装，横向连接不强，使用时容易出现桥面纵向开裂等问题。由于吊装能力增大，预制空心板幅宽有加大趋势，1.5m 左右板宽是合适的。

(二)梁式桥

1. 简支 T 形梁桥

20 世纪 80 年代以来，我国修建了几座具有代表性的预应力混凝土简支T形梁桥(或桥面连续),如河南郑州、开封的黄河道路桥,浙江省的飞云江大桥等。

(1)简支T形梁桥的特点

T形梁采用钢筋混凝土结构的已经很少了,16～50m跨径,都是采用预制拼装后张法预应力混凝土T形梁。预应力体系采用钢绞线群锚,在工地预制,吊装架设。

(2)简支T形梁桥的发展趋势

第一,采用高强、低松弛钢绞线群锚,混凝土强度等级C40～C60。

第二,T形梁的翼缘板加宽,25m是合适的。

第三,吊装重量增加。

为了减少接缝,改善行车,采用工型梁,现浇梁端横梁和桥面湿接头,在桥面现浇混凝土中布置负弯矩钢束,形成比桥面连续更进一步的“准连续”结构。预应力混凝土T形梁有结构简单、受力明确、节省材料、架设安装方便、跨越能力较大等优点。其最大跨径以不超过50m为宜,再加大跨径不论从受力、构造、经济上都不合理了。大于50m跨径以选择箱形截面为宜。

2.连续箱形梁桥

箱形截面能适应各种使用条件,特别适合预应力混凝土连续梁桥、变宽度桥。因为嵌固在箱梁上的悬臂板,其长度可以较大幅度变化,并且腹板间距也能放大;箱梁有较大的抗扭刚度,因此,箱梁能在独柱支墩上建成弯斜桥;箱梁容许有最大长度;应力值较低,重心轴不偏一边,同T形梁相比徐变变形较小。

(1)连续箱形梁桥的特点

箱梁截面有单箱单室、单箱双室(或多室),早期为矩形箱,逐渐发展成斜腰板的梯形箱。

第一,箱梁桥可以是变高度,也可以是等高度。

第二,从美观上看,有较大主孔和边孔的三跨箱梁桥,用变高度箱梁是较美观的。

第三，多跨桥（三跨以上）用等高箱梁具有较好的外观效果。

由于连续箱梁在构造、施工和使用上的优点，近年来建成预应力混凝土连续箱梁桥较多。

（2）发展趋势

第一，减轻结构自重，采用高强度等级混凝土 C40～C60。

第二，随着建筑材料和预应力技术发展，其跨径增大，葡萄牙已建成 250m 的连续箱梁桥，超过这一跨径，也不是太经济的。

3. T 形刚构桥

这种结构体系有致命弱点。从 20 世纪 60 年代到 80 年代初，我国道路桥梁修建了几座 T 形刚构桥，如著名的重庆长江大桥和泸州长江大桥，80 年代以后这种桥型基本不再修建了。

4. 连续刚构桥

连续刚构可以多跨相连，也可以将边跨松开，采用支座，形成刚构—连续梁体系。其优点有：一是一联内无缝，改善了行车条件；二是梁、墩固结，不设支座。

合理选择梁与墩的刚度，可以减小梁跨中弯矩，从而可以减小梁的建筑高度。所以，连续刚构保持了 T 形刚构和连续梁的优点。连续刚构桥适合于大跨径、高墩。高墩采用柔性薄壁，如同摆柱，对主梁嵌固作用减小，梁的受力接近于连续梁。柔性墩需要考虑主梁纵向变形和转动的影响以及墩身偏压柱的稳定性；墩壁较厚，则作为刚性墩连续梁，如同框架，桥墩要承受较大弯矩。由于连续刚构受力和使用上的特点，在设计大跨径预应力混凝土桥时，优先考虑这种桥形。当然，桥墩较矮时，这种桥型受到限制。

5. 钢筋混凝土拱桥

拱桥在我国有悠久历史，属我国传统项目，也是大跨径桥梁形式之一。石拱桥自重大，来料加工费时费工，因此，大跨石拱桥修建少了。山区道路上的中、小桥涵，因地制宜，采用石拱桥（涵）还是合适的。大跨径拱桥多采用钢筋混凝土箱拱、劲性骨架拱和钢管混凝土拱。总体来看，我国的钢筋混凝土拱桥建造技术在世界范围内是具有一定竞争力的，尽管在某些特定技术或材料应用上可能还存在一定的提升空间。根据近年的实践，常用的拱桥施工方法有：一是主支架现浇；二是预制梁段缆索吊装；三是预制块件悬臂安装；四是半拱转体法；五是刚性或半刚性骨架法。

钢筋混凝土拱桥自重较大，跨越能力比不上钢拱桥。但是，因为钢筋混凝土拱桥造价低，养护工作量小，抗风性能好，仍被广泛采用，特别是我国西南的崇山峻岭地区。

6. 斜拉桥

斜拉桥是我国大跨径桥梁最流行的桥型之一。

(1)我国斜拉桥的主梁形式

第一，混凝土梁有箱式、板式、边箱中板式。

第二，钢梁以正交异性极钢箱为主，也有边箱中板式。

现在已建成的斜拉桥有独塔、双塔和三塔式。以钢筋混凝土塔为主。塔形有 H 形、倒 Y 形、A 形、钻石形等。斜拉桥的钢索一般采用自锚体系。

(2)发展趋势

近年来，开始出现自锚和部分地锚相结合的斜拉桥。如西班牙的鲁纳桥，主桥 440m；我国湖北郧阳区桥，主跨 414m。地锚体系把悬索桥的地锚特点融于斜拉桥中，可以使斜拉桥的跨径布置更能结合地形条件，灵活多样，节省费用。斜拉桥的施工方法：混凝土斜拉桥主要采用悬臂浇筑和预制拼装；钢箱和混合梁斜拉桥的钢箱采用正交异性板，工厂焊接成段，现场吊装架设。钢箱与钢箱的连接，一是螺栓，二是全焊，三是栓焊结合。斜拉桥发展趋势：跨径会超过 1000m；结构类型多样化、轻型化；加强斜拉索防腐保护的研究；注意索力调整、施工观测与控制及斜拉桥动力问题的研究。

7. 悬索桥

悬索桥是特大跨径桥梁的主要形式之一，可以说是跨千米以上桥梁的唯一桥型(从目前已建成桥梁来看是唯一桥型)。

(1)发展趋势

从发展趋势来看,斜拉桥具有明显优势。但根据地形、地质条件,若能采用隧道式锚碇,悬索桥在千米以内,也可以同斜拉桥竞争。根据理论分析,就目前的建材水平而言,悬索桥的最大跨径可达到3500m左右。已建成的日本明石海峡大桥,主跨已达1990m。正在计划中的意大利墨西拿海峡大桥,设计方案之一是悬索桥,其主跨3500m。当然还有规划中更大跨径的悬索桥。

(2)悬索桥和斜拉桥的结合

悬索桥跨径增大,当跨径达3500m时,动力问题将是一个突出的矛盾,所以,对特大跨桥梁,已提出用悬索桥和斜拉桥相结合的"吊拉式"桥型。在国外这种桥型目前还停留在研究之中,并未付诸实施。然而,在我国贵州省乌江20世纪90年代末建成了一座用预应力钢纤维混凝土薄壁箱梁作为加劲梁的吊拉组合桥,桥梁工作者多年梦寐以求的桥型得以实现,这是贵州桥梁工作者的大胆尝试,对推动我国乃至世界桥梁建设都有巨大作用。

我国幅员辽阔,经济发展水平参差不齐,经济上总体水平不高,道路桥梁发展还是要着眼于量大、面广的一般大、中桥,这类桥梁仍以预应力混凝土结构为主。首先,要着重抓多样化、标准化,编制适用经济的标准图,提高施工水平和质量;其次,抓住跨越大江(河)、海湾的特大型桥梁建设,不断总结经验,既体现道路人的建桥水平,又保证高标准、高质量建桥。

第二节　桥梁的构造

我国地域辽阔,因此,不同地域在道路桥梁的建设方面也要因地制宜。我国西部地区经济水平相对落后,基础设施建设不完善,因此,其道路桥梁的建设和发展也比较慢。就东部沿海地区来讲,经济较为发达,基础设施的建设和发展较西部地区完善。因此,在建设道路桥梁时要因地制宜，深入分析实际的地域状况，针对不同的结构问题采取有效的措施来促进道路桥梁施工安全有效进行。

一、我国桥梁结构存在的问题

（一）桥梁设计构造的体系问题

在道路桥梁施工之前，最重要的设计任务是要分析出最为科学的结构方案，在此基础上进行相关的结构分析和构建的链接，在这个过程中要运用科学的计算方法和数据来证明结构的安全性。但是就国内的道路桥梁结构的设计领域来讲，还有很多地方的设计需要改进。国内很多设计人员在道路桥梁的结构设计当中只是满足了安全等级的最低要求，存在忽视道路桥梁的整体结构体系等问题。这就使得道路桥梁在建成后虽然安全等级基本上可以达标，但是建筑整体受力不均，再加上使用过程中缺少维护，造成了道路桥梁出现种种问题。

（二）桥梁结构的施工问题

随着经济建设的大力推进，基础设施建设也在不断地发展，道路桥梁的施工工程越来越多。在这种大背景下，施工的速度就越来越快，周期越来越短，这就造成了施工安全问题。很多建筑承包商为了追求经济效益就会缩短施工周期或者出现偷工减料等问题；除此之外，当下的建筑市场中还存在着大量的低等建材，一旦这些建筑材料被应用于道路桥梁的建筑上就会造成非常大的不利影响。

（三）桥梁的结构维护问题

桥梁在竣工后基本就进入了使用阶段，使用的过程中需要进行定期的保养与维护。良好的维护工作不仅能够保证道路桥梁的正常使用与运行，而且能够及时发现道路桥梁在使用过程中的问题，以便及时采取措施来进行调整。而目前我国的道路桥梁维护工作缺乏系统性，在大多数情况下都是事故发生以后有关部门才采取措施进行相应的调整或管理，而不是在事故发生之前就进行检查和维护，这就在客观上造成了一定的经济损失。因此，在道路桥梁的结构设计中维护保养的计划方案必不可少。

二、桥梁结构问题的解决措施

(一)重视道路桥梁结构设计的经久耐用

在投入使用后桥梁工程会处于车辆碾压、风霜雨雪侵蚀等各种外部环境中,道路桥梁本身还会经受自身材料老化所带来的影响。虽然我国在道路桥梁设计施工方面的技术已经取得较大的进步,但是道路桥梁的构造设计和施工问题在一定范围内仍然存在。因此,道路桥梁的结构设计一定要充分考虑到投入使用后的种种不利因素,保证施工材料质量,保证施工技术,只有这样才能保证工程质量,保证道路桥梁的经久使用。

(二)桥梁结构中的附属工程设计

附属工程设计是道路桥梁施工过程中的重要组成部分,附属工程设计的质量不仅关系到道路桥梁在投入使用后的安全运行以及顺利使用,也关系到道路桥梁在后期的维护维修工作。这就需要在施工过程的结构设计中重视附属工程。在特等大桥或者是大桥的结构设计中要首先规划处理紧急状况的附属工程设计。

例如,设置紧急停车带或者是隔离护栏,以方便出现紧急情况时有充分的条件进行应对。此外,在一些地方还需要设置警示牌来进行警示,避免道路桥梁在使用过程中出现各种意外状况。

此外,在附属工程的构造问题中还要充分考虑到道路桥梁在使用过程中的超负荷运转的状况。在我国,运输业始终是比较红火的领域,由于人口众多和经济建设的需要,大量的人流、物流需要疏散,这就对道路桥梁的构造设计提出了更高的要求。只有充分重视这些问题,才能在满足经济建设的基础上保证道路桥梁的安全使用。

(三)加强桥梁的承载力结构的设计

在桥梁工程投入使用以后,由于时间的延长和外部自然因素或非自然因素的影响,可能会在一定程度上引起钢结构的老化甚至是坍塌。道路桥梁在使用的过程中,会在一定程度引发结构上的振动或者是疲劳损伤。此外，由于道路桥梁的建筑材料不是均匀的、连续的，那么这些缺陷就会在道路桥梁的使用过程中逐渐显现出来，如果对这些问题处理不当就会造成安全问题。因此，对于这方面的研究必须加强，必须加以控制和应对。

(四)加强桥梁下部构造的设计

在桥梁的施工过程中，下部构造占有非常重要的地位。在实际的道路桥梁施工过程中，针对同一桥梁的施工设计其下部构造结构应该形成统一，这样在使用时就会有效地避免由于超载或者是其他因素造成的不均匀沉降。对于一些轻型式的桥梁，其桥台高度较高、导致其台后土压力较大，为了保证桥梁的安全使用就需要对其进行各部位受力的检查，以此来保证桥梁的受力均匀。

另外，在桥梁的支座的制作方面要使用质量较好的混凝土来进行浇灌，同时在施工时要保证其与盖梁的强度相当，只有这样才能在道路桥梁的构造上取得良好的施工质量、才能具备明确的道路桥梁的施工方案，从而保证工程质量和现代化建设的正常运行。

道路桥梁的构造设计是一个十分复杂而又系统的工程，伴随着我国经济建设的发展和基础设施建设的不断完善，道路桥梁的建设和质量应该得到重视。桥梁的结构不仅关系到民众的切身利益，而且关系到我国经济建设的繁荣稳定。所以，对于我国道路桥梁结构的问题必须加以充分重视，在设计和建筑的过程中要严格按照国家相关的法律法规和建筑标准来执行，切实保证道路桥梁工程的质量，为现代化建设提供良好的基础设施。

第三节　桥梁设计与施工

随着经济的不断发展，社会的快速进步带来了建筑行业的飞跃发展。道路桥梁建设也随之发展开来。

一、桥梁设计过程中存在的问题

(一)桥梁设计过程中的安全问题

目前,在道路桥梁设计过程中存在的最关键的问题是安全问题。许多道路桥梁设计时一味追求道路桥梁的美观,使得道路桥梁的安全性无法得到最有效的保障。主要体现在以下几个方面:第一,设计之前的现场勘查工作不到位,对设计项目的一手资料掌握不完善,对道路桥梁所在地的周围环境没有全面的了解;第二,设计过程中由于计算复杂,许多设计师没有足够的耐心对关键的数据进行认真的计算,导致道路桥梁的安全性无法保障。

(二)桥梁设计过程中的使用寿命问题

道路桥梁设计的关键问题是桥梁的使用寿命问题。道路桥梁工程与其他建筑工程一样具有使用寿命,但是由于设计的不尽合理以及维护不足使得道路桥梁的使用寿命达不到设计要求,造成了巨大的浪费,并严重危害了人们的生命财产安全。因此,在进行道路桥梁设计过程中需要借鉴先进的设计经验,学习国内外优秀的设计案例,将好的桥梁构造引进到设计当中。进行桥梁道路的设计还应严格遵循相关的规范、标准和设计原则,并从全过程、全方位进行认真的设计,确保桥梁道路的安全系数达到要求。

(三)道路桥梁设计过程中的滞后性问题

目前,社会广泛关注道路桥梁设计的滞后性问题。通常情况下,设计时全面考虑桥梁的使用寿命和安全性就难以保证桥梁的美观性,过度关注桥梁的外观又很难兼顾桥梁的使用寿命和安全系数。设计的滞后性是目前桥梁设计中存在的关键问题。为了有效解决这一问题就需要认真学习相关的设计理念,并且在设计过程中充分考虑地理环境因素,根据人们的需要、社会的发展以及经济状况设计出既美观又实用的道路桥梁。

二、桥梁设计的解决措施

(一)提高桥梁的使用寿命

1. 延长桥梁的使用寿命

通常情况下，桥梁的使用寿命只有50年，高速道路上的桥梁使用寿命为100～150年。为了延长道路桥梁的使用寿命，在设计过程中就应充分考虑到桥梁的结构形式和组织结构形式等多方面内容，并且设计过程中遵守安全性和经济性原则，在确保道路桥梁安全性的基础上尽量考虑经济性。除此之外，道路桥梁在投入使用之后要加强维护和保养工作，一旦出现问题应该及早解决，确保道路桥梁在设计寿命内能够安全使用。

2. 制定科学合理的设计方案

在道路桥梁设计过程中应该选择最科学合理的设计方案。应根据道路桥梁所在地的具体情况、桥梁的结构形式以及桥梁的跨度等多方面因素综合考虑选择最佳设计方案。通常情况下，选择最标准的跨径桥梁在施工段上进行施工，这样做既可以节约成本，还能降低施工的难度。为了确保道路桥梁设计的安全性应选择合理的跨径组合。

3. 进行设计方案的创新

为了确保道路桥梁的安全性和使用寿命应将施工技术充分考虑到设计方案中；确保设计方案在施工过程中的可行性；确保设计所采用的施工工艺以及道路桥梁的类型能够在施工过程中按质完成，设计过程中应该在保证施工技术可以完成的前提下进行设计方案的创新，这样就可以保证道路桥梁工程的施工难度不大，不仅可以实现设计的创新还能保证在合同工期内完成施工，并且做到经济性设计。

(二)桥梁设计的调研

道路桥梁设计过程中应充分考虑到通行车辆的最大载重量，并通过限制最大的载重量来降低道路桥梁出现裂缝，进一步提高道路桥梁的使用寿命。

1.调研内容

众所周知,道路桥梁在投入使用以后难免会出现超载现象,因此,在设计时就应该考虑到这一问题,这就要求在设计之前对超载情况进行认真的调研,避免出现道路桥梁的疲劳现象,防止出现因为长期的超载造成的道路桥梁的损害。

2.获取数据资料

由于超载所造成的道路桥梁的损害无法修复,严重影响了道路桥梁的安全性和使用寿命。因此,在设计之前应做好充分的调研,对当地的车流量进行统计,获取最准确的数据资料,确保设计出的道路桥梁能够满足最大负载量的要求,确保道路桥梁的安全性。

三、城市道路整治及改造设计思路

城市道路整治及改造是一项关乎民生的系统工程,整治和改造过程中应该遵循为百姓服务的原则,以方便百姓生活环境为核心,以提高城市道路交通质量为出发点。因此,在进行城市道路的整治及改造过程中应该做到求真务实,不做面子工程,切实解决道路交通问题,让百姓从中受益。

(一)道路整治分类

城市道路整治及改造应分为市政工程、环境景观、市容市貌、交通保障及文明施工等内容。

1.平面改造

城市道路整治及改造和重新建设新道路有很大的差别,这是由于道路周边有许多已经成型的建筑物,很难拆迁。因此,只能保持道路原来的平面线形的走向,在整治改造过程中对现有的平面线形进行拟合评价,对于不能满足整治改造要求的进行适当的调整。

2.纵断面改造

在进行城市道路的整治改造过程中,进行纵断面的设计时应该对现有的路面标高进行拟合，然后依据道路周边的建筑物的高程来确定整治改造之后的道路的标高。除此之外，新建的路面的结构路段可以在路面底基层进行纵坡调整，如果是铣刨罩面的路段可以选择在面层铣刨加铺时进行纵坡调整。对纵断面进行改造时应该注意断面的调整，应控制在合理的范围内，不宜过大。在道路交叉口进行竖向设计时应该遵循“先主干道、后次干道、最后支路”以及“先实施为主，后实施为辅”的改造原则。

3. 横断面改造

在进行城市道路的整治改造过程中首先应该制定一个沿线交通路网设计方案，据此制定一个未来的路网设计并进行定位，之后进行道路横断面的重新分配和改造。

（二）工程设计

工程设计包括全线的道路主体改造、交通环境改造、附属工程改造、道路景观改造四个方面。

1. 道路主体改造

包括车行道的病害处理、面层出新；人行道及路牙的出新或新建。

2. 交通环境改造

由一块板改造为四块板结构，并采用人行道与非机动车道共板形式。对交通标志（标识）、交通信号、交通监控等交通设施进行规范统一；对公交站台有条件进行渠化的地方设置港湾式公交站台，方便候车，减小公交车对直行交通的干扰。

3. 附属工程改造

附属工程改造现状架空杆线下地及完善排水设施。做到设施完善，功能齐全，确保道路各部位质量技术良好。

4. 道路景观改造

道路景观改造新增中分带和侧分带，实现“四季常绿，四季花开，四季花香”的效果。

道路桥梁反映了城市的形象，同时体现了城市的管理水平和发展前景。经济的发展推动了道路桥梁建设的飞跃，但是目前的道路桥梁设计中却存在许多问题，本章结合多年的经验对这些问题进行了分析探讨，并综合多方面因素给出了具有针对性的解决措施，从而提高道路桥梁的设计水平。

三、对桥梁设计与施工的重视

作为道路交通重要组成部分的道路桥梁在工程中的地位十分突出，有些甚至是控制性工程，决定着道路交通建设的质量。因此，必须高度重视道路桥梁的设计与施工，提高桥梁设计标准，确保桥梁施工质量，不断提升道路交通的建设质量和水平。应对道路桥梁的设计与施工进行探讨，以期探讨道路桥梁设计与施工的有效途径与方法，提高设计与施工的效益。

(一)桥梁设计的基本要求

对资源利用是否经济合理，技术先进，尊重实际，实事求是，是否科学，在很大程度上取决于设计的水平和质量。具体而言，在设计中应坚持以下原则：第一，严格执行国家现行的设计规范和国家批准的技术标准；第二，尽量采用标准化设计，积极推广应用“可靠性设计方法”“结构优化设计方法”等现代设计方法；第三，注意因地制宜，就地取材，节省建设资金。在切实满足建设功能要求的同时，千方百计地节约投资、节约多种资源，缩短建设工期；第四，积极采用技术上更加先进、经济上更加合理的新结构、新材料。

(二)我国桥梁设计存在的问题

众所周知，我国现在的道路桥梁设计理论体系和桥梁工程施工质量的法规标准都不太完善，还存在着诸多问题，需要探讨。总之，桥梁结构设计和施工的基本原则是安全、适用和经济三要点，也是需要注意的事项部分。

1. 安全性的重视

传统的桥梁结构设计主要是按设计过程强调承载能力和强度结实性设计，而没有考虑到耐久性，桥梁的耐久性能体现桥梁工程的价值。设计只是作为一种概念理论，要真正地关注耐久性，明确提出使用年限要求，并采用规范规定的安全系数或可靠性指标以保证结构的安全性，因此，要对耐久性进行专门的设计。耐久性能加强结构使用性能，延长桥梁使用寿命，因此，国际桥梁设计日益重视桥梁的耐久性、安全性、适用性等重要的设计指标。

2. 结构耐久性需加强

桥梁设计首要的是结构设计，其次是结构分析与构件和连接的设计，而许多道路桥梁设计工作者往往只局限于规范对结构强度理论上的安全性需要，而忽略了结构性质、结构材料、结构体系、结构维护、结构耐久性以及桥梁设计。

施工到使用整个过程中可能出现的各类人为因素等也会影响桥梁结构的安全性。比如，有的桥梁结构整体性和延性不足，冗余性小；有的计算图公式和受力路线不明确，造成局部受力过大；有的混凝土强度等级过低、保护层厚度过小、钢筋直径过细、构件截面过薄；等等；这些都削弱了结构耐久性，会严重影响结构的安全性。不少桥梁虽然满足了设计规范的强度要求，仅用了几年就因为耐久性出了问题而影响桥梁使用。因此，如何加强结构耐久性是桥梁设计目前重要的课题。在道路桥梁设计时应该综合考虑桥梁结构、材料等因素，采取切实措施加强桥梁结构耐久性设计。

3. 创新能力不足

道路桥梁在建造和使用过程中的安全性与当时的环境和条件、对象类别、布局和构造等方面的因素相关。所以，一个优秀的桥梁设计人员，应在新观点上、新思想上、新技术上、新材料上对桥梁结构的设计完善提出自己的正确想法，并能拥有正确的丰富设计经验和实践判断能力。因此，除了加强施工质量管理外，要从桥梁设计理念、结构体系和构造的角度做好耐久性的设计，同时需要研究疲劳和超载对于桥梁结构耐久性的影响。

四、提高设计与施工水平的有效对策

(一)采用国内外先进技术

一个优质的道路桥梁工程,离不开优秀的桥梁设计人员。所以,桥梁设计单位和人员要有充分的时间去考虑、查勘,了解道路桥梁工程综合相关的因素,利用科学合理的设计,采用国内外成熟先进的技术和设计原则,保证工程质量安全可靠。

(二)严谨科学的态度

设计过程中,还要处理好采用成熟技术与技术创新之间的关系,既不能提倡为创新而冒险,又要在设计中体现创新意识。作为桥梁设计人员,要用科学的眼光和可持续发展的观点看待道路桥梁的安全耐久性问题,提高桥梁结构的使用寿命,要熟悉施工工作,尽量选择施工风险较小和施工质量易于检查、控制的结构和施工方法。对于重大工程和工程关键部分,一定要用严谨科学的态度,全力做好桥梁设计和施工工作。

(三)做好防患设计和施工管理

桥梁的设计人员要把桥梁寿命周期内的综合费用、桥梁的经济性和社会效益作为出发点,运用先进的智能化仪器和计算机辅助手段,进行有效的优化组合、整合分析、仿真设计,并积极借鉴国内外成功经验和做法,在桥梁设计理念、结构体系和加强施工质量管理等多方面做好防患设计和施工管理。

(四)认真勘察施工进度

施工前首先要了解工程概况,加强施工管理,提前做好预防工作,确保工程顺利开展。第一,要设计适用的标准图纸,遵守有关技术规范和操作规程,看懂设计要求及细部、节点章法,弄清有关技术资料对工程质量的要求;第二,要熟悉施工组织设计及有关技术经济文件对施工顺序、施工方法、技术措施、施工进度及现场施工总平面布置的要求,弄清施工任务中的薄弱环节和关键部位;第三,对施工现场进行勘察和了解。只有这样认真地、有组织地、有步骤地、有规划地把握工程情况,掌握工程施工进度，才能更好地顺利开工并确保施工质量。

(五)提高施工管理水平，加强施工安全监理

1. 存在问题

现在道路桥梁出现问题有的是由于施工周期短，承包价格过低，层层分包下去，为了降低成本偷工减料导致以次充好的现象经常发生，结果造成工程质量差，达不到规范和设计标准要求，对道路桥梁安全性造成严重威胁。

2. 建立自检系统

应建立质量自检系统，加强组织、设备配置和管理。建立工程质量保证体系制度，强化各级领导能力，建立项目工程部质量责任小组，加强质量预控制点，制定事前防范措施。

3. 认真执行监理制度

认真执行工程监理制度，落实安全监理巡查，严格按照相关要求执行。配备专职质量检查工程师，建立自检、专检相结合的工程质量检查制度。

4. 加强质量安全教育

加强施工人员质量安全思想教育。牢固树立质量第一、安全第一就是效益的思想，制定安全实施规范和实施细则并进行安全培训，使施工人员懂得安全技术规范，确保安全生产。

交通事业是经济发展的重要支撑，交通建设是其中的重要构成因素，因此，道路桥梁的作用就显得尤为突出。道路桥梁的建设质量水平直接影响该地区的经济发展，因此，在加快经济建设的同时必须加强对道路桥梁施工质量的掌控，对道路桥梁设计进行严格的把关，有效地提升道路桥梁质量，根据建设地区的实际情况出发，设计出与该地区高度匹配的道路桥梁，并针对其中存在的不足进行相应的解决。

五、道路桥梁设计遵守的原则

在道路桥梁设计时需要坚持以下原则：第一，严格执行我国现行的道

路桥梁设计标准;第二,设计要与实际相结合,将控制工程造价作为根本目的,在达到建设要求的条件之下就地取材,避免劳民伤财,对工程的工期进行密切关注,使其在预计工期内完成;第三,在工程的设计阶段,以达到设计标准化的原则,尽量使用现代设计的方法,例如,可靠性设计方法及结构优化设计等;第四,对新型的技术及工艺进行使用,使设计更为合理化、科学化、环保化。

第二章　桥梁工程的总体规划设计

第一节　桥梁设计的基本原则

桥梁是公路、铁路和城市道路的重要组成部分，特别是大、中桥梁的建设对当地政治、经济、国防等都具有重要意义。因此，桥梁工程的设计应符合技术先进、安全可靠、使用耐久、经济合理的要求，同时应满足美观、环境保护和可持续发展的要求。桥梁建设应遵循的各项原则分述如下。

一、技术先进原则

在因地制宜的前提下，尽可能采用成熟的新结构、新设备、新材料和新工艺，必须认真学习国内外的先进技术，充分利用最新科学技术成就、把学习和创新结合起来，淘汰和摒弃原来落后和不合理的观念。只有这样才能提高我国的桥梁建设水平，赶超世界先进水平。

二、安全可靠原则

(1)所设计的桥梁结构在强度和稳定方面应有足够的安全储备。

(2)防撞栏杆应具有足够的高度和强度，人与车流之间应建好防护栏。防止车辆撞入人行道或撞坏栏杆而落到桥下。

(3)对于交通繁忙的桥梁，应设计好照明设施，并有明确的交通标识，两端引桥坡度不宜太陡，以避免发生车辆碰撞等引起车祸。

(4)对于修建在地震区的桥梁，应按抗震要求采取防震措施；对于河床易变迁的河道，应设计好导流设施。防止桥梁基础底部被过度冲刷；对于通行大吨位船舶的河道，除按规定加大桥孔跨径外，必要时设置防撞构筑物等。

三、适用耐久原则

(1)应保证桥梁在100年的设计基准期内正常使用。

(2)桥面宽度能满足当前以及今后规划年限内的交通流量(包括行人通行)。

(3)桥梁结构在通过设计荷载时不出现过大的变形和过宽的裂缝。

(4)应考虑不同的环境类别对桥梁耐久性的影响，在选择材料、保护层厚度、阻锈等方面满足耐久性的要求。

(5)桥跨结构的下面有利于泄洪、通航(跨河桥)或车辆和行人的通行(旱桥)。

(6)桥梁的两端方便车辆的进入和疏散，不致产生交通堵塞现象等。

(7)考虑综合利用，方便各种管线(水、电气、通信等)的搭载。

四、经济性原则

(1)桥梁设计应遵循因地制宜，就地取材和方便施工的原则。

(2)经济的桥型应该是造价和使用年限内养护费用综合最省的桥型，设计中应充分考虑维修方便和维修费用少，维修时尽可能不中断交通，或中断交通的时间最短。

(3)所选择的桥位应地质、水文条件好，桥梁长度也较短。

(4)桥位应考虑建在能缩短河道两岸的运距，促进该地区的经济发展，产生最大的效益，对于过桥收费的桥梁应能吸引更多的车辆通过，达到尽可能快回收投资的目的。

五、美观性原则

一座桥梁应具有优美的外形，而且这种外形从任何角度看都应该是优美的，结构布置必须精练，并在空间中有和谐的比例。桥型应与周围环境相协调,城市桥梁和游览地区的桥梁,可较多地考虑建筑艺术上的要求。合理的结构布局和轮廓是美观的主要因素,结构细部的美学处理十分重要,另外,施工质量对桥梁美观也有重大影响。

六、环境保护和可持续发展原则

桥梁设计必须考虑环境保护和可持续发展的要求,包括生态、水、空气、噪声等几方面,应从桥位选择、桥跨布置、基础方案、墩身外形、上部结构施工方法、施工组织设计等多方面全面考虑环境要求,采取必要的工程控制措施,并建立环境监测保护体系,将不利影响减至最小。

桥梁施工完成后,将桥梁两头植被恢复或进一步美化桥梁周边的景观,亦属环境保护的内容。

第二节　桥梁平、纵、横断面设计

一、桥梁的平面设计

桥梁设计首先要确定桥位,按照《公路工程技术标准》(JTG B01—2014)的规定,小桥和涵洞的位置与线形一般应符合路线的总走向,为满足水文、线路弯道等要求,可设计斜桥和弯桥,对于公路上的特大桥、大桥、中桥桥位,原则上应服从路线走向,桥、路综合考虑,尽量选择在河道顺直、水流稳定、地质良好的河段上。

桥梁的平曲线半径、平曲线超高和加宽、缓和曲线、变速车道设置等,均应满足相应等级线路的规定。

二、桥梁纵断面设计

桥梁纵断面设计包括确定桥梁的总跨径、桥梁的分孔、桥道的高程、桥上和桥头引道的纵坡以及基础的埋置深度等。

(一)桥梁总跨径

桥梁总跨径一般根据水文计算来确定。其基本原则是:应使桥梁在整个使用年限内,保证设计洪水能顺利宣泄;河流中可能出现的流冰和船只、排筏等能顺利通过;避免因过分压缩河床引起河道和河岸的不利变迁;避免因桥前壅水而淹没农田、房屋、村镇和其他公共设施等。对于桥梁结构本身来说,不能因总跨径缩短而引起河床过度冲刷对浅埋基础带来不利的影响。在某些情况下,为了降低工程造价,可以在不超过允许的桥前壅水和规范规定的允许最大冲刷系数的条件下,适当增大桥下冲刷。以缩短总跨长。例如,对于深埋基础,一般允许稍大一点的冲刷,使总跨径能适当减小;对于平原区稳定的宽滩河段,流速较小,漂流物也少,主河槽较大,这时,可以对河滩的浅水流区段做较大的压缩,但必须慎重校核,压缩后的桥梁壅水不得危及河滩路堤以及附近农田和建筑物。

(二)桥梁的分孔

对于一座较长的桥梁,应当分成若干孔,但孔径划分的大小,不仅影响到使用效果和施工难易等,而且在很大程度上影响到桥梁的总造价。例如,采用的跨径愈大,孔数就少,固然可以降低墩台的造价,但使上部结构的造价大大增高;反之,则上部结构的造价虽然降低了,但墩台的造价却又有所增高。因此,在满足使用和技术要求的前提下,通常采用最经济的分孔方式,也即是使上、下部结构的总造价趋于最低。这些要求如下。

(1)对于通航河流,在分孔时首先应满足桥下的通航要求。桥梁的通航孔应布置在航行最方便的河域。对于变迁性河流。根据具体条件、应多设几个通航孔。

(2)对于平原区宽阔河流上的桥梁,通常在主河槽部分按需要布置较大的通航孔,而在两侧浅滩部分按经济跨径进行分孔。

(3)对于在山区深谷上、水深流急的江河上,或需在水库上修桥时,为了减少中间桥墩,应加大跨径。如果条件允许的话,甚至可以采用特大跨径单孔跨越。

(4)对于采用连续体系的多孔桥梁,应从结构的受力特性考虑,使边孔与中孔的跨中弯矩接近相等，合理地确定相邻跨之间的比例。

(5)对于河流中存在不利的地质段，例如岩石破碎带、裂隙、溶洞等，在布孔时，为了使桥基避开这些区段，可以适当加大跨径。

总之，大、中桥梁的分孔是一个相当复杂的问题，必须根据使用要求、桥位处的地形和环境、河床地质、水文等具体情况，通过技术经济等方面的分析比较，才能做出比较完美的设计方案。

(三)桥道高程的确定

合理的桥道高程必须根据设计水位、桥下通航(通车)净空的需要，并结合桥型、跨径等综合考虑。下面介绍确定桥道高程有关的问题。

1.流水净空要求

(1)按设计水位计算桥面最低高程时，应按下式计算：

$$H_{min}=H_j+\Delta h_j+\Delta h_0$$

式中　H_{max}——桥面最低高程(m)；

H_j——计算水位(m)(设计水位计入壅水、浪高等)；

Δh_j——桥下净空安全值(m)；

Δh_0——桥梁上部构造建筑高度，包括桥面铺装高度(m)。

(2)按设计最高流冰水位计算桥面最低高程时，应按下式计算：

$$H_{min}=H_{SB}+\Delta h_j+\Delta h_0$$

式中　H_{SB}——设计最高流冰水位，应考虑床面淤高(m)；其余符号意义同前。

(3)桥面设计高程不应低于上面两个公式的计算值。

2.通航净空要求

为了保证桥下安全通航，通航孔桥跨结构下缘的高程应高出自设计通航水位算起的净空高度。《内河通航标准》(GB 50139—2014)规定了水上过河建筑物的通航净空尺度。

3.跨线桥桥下的交通要求

在设计跨线路(铁道或公路)的立体交叉时，桥跨结构底缘的高程应高出规定的车辆净空高度。

综上所述，全桥位于河中各跨的桥道高程均应首先满足流水净空的要求；对于通航或桥下通车的桥孔，还应满足通航净空或建筑净空限界的要求；另外，还应考虑桥的两端能够与公路或城市道路顺利衔接等。因此，全桥各跨的桥道高程是不相同的，必须综合考虑和规划，一般将桥梁的纵断面设计成具有单向或双向坡度的桥梁，既利于交通和美观效果好，又便于桥面排水(对于不太长的小桥，可以做成平坡桥)。但桥上纵坡坡度不宜大于4%；桥头引道纵坡坡度不宜大于5%。对于位于市镇混合交通繁忙处的桥梁，桥上纵坡和桥头引道纵坡坡度均不得大于3%，并应在纵坡坡度变更的地方按规定设置竖曲线。

三、桥梁横断面设计

桥梁横断面的设计，主要取决于桥面的宽度和不同桥跨结构横截面的形式。桥面宽度决定于行车和行人的交通需要，为保证桥梁的服务水平，桥面宽度应当与所在路线的路基宽度保持一致。《公路工程技术标准》(JTG B01—2014)中规定了各级公路的净空限界，路面各组成部分的宽度依据设计速度这一路线基准要素来确定，在建筑限高内，不得有任何部件侵入。

第三节　桥梁设计与建设程序

一、基本内容及程序

大型桥梁的设计工作可分为前期规划与三阶段设计两部分。前期规划工作包括：调研相关资料和信息，开展预可行性研究，提出初步的研究报告或项目建议书；在项目建议书批复后，编制翔实的可行性研究报告，为设计任务书的编制提供重要依据。后续的三阶段设计，包括初步设计、技术设计与施工设计(也称施工图设计)。对常规桥梁，通常采取两阶段(初步设计、施工设计)设计。各个设计阶段都有各自需要包含的内容和深度，以及要达到的目的和需解决的问题。可行性研究报告或设计文件完成后的审批由相关主管部门（建设单位或业主）办理。批准后的文件就是开展下一阶段工作的依据。

桥梁的建设程序包括以下几个阶段：审批项目建议书进行工程立项，审批可行性研究报告确定设计任务书，在初步设计基础上形成招标文件并逐次进行工程设计、施工、监理招标，工程施工等。

二、可行性研究

桥梁建设的前期规划包括预可行性研究与可行性研究。两者包含的内容及目的是基本一致的，只是研究的深度不同。这部分工作有时也称为桥梁规划设计。预可行性研究是在工程可行的基础上，主要分析工程的必要性和合理性，提供立项和投资的决策依据；可行性研究则是在预可行性研究报告得到审批后，着重研究工程上和投资上的可行性。前期规划工作的重点在于论证建桥的必要性和可行性，并确定建桥的地点、规模、标准、投资大小、风险控制等一系列宏观和重大的问题，为项目的科学决策提供依据，避免盲目性及其带来的不良后果。

预可行性研究与可行性研究的对象、收集资料的详细程度以及研究内容的深度有所不同。有些情况下，预可行性研究与可行性研究工作可以合二为一。

桥梁的必要性主要论证是否需要建桥的问题，评估拟修建的桥梁项目在促进区域经济和陆地交通发展中的作用。桥梁是交通土建工程的一部分，有铁路桥、公路桥、城市桥之分，对应的评估方法也有所不同。铁路桥梁一般从属于路网规划，其是以沿线地区经济活动所产生的在近期、远期可能的运量为研究对象。因此，铁路桥本身一般不进行单独的必要性研究。公路桥梁有的从属于国家规划干线，有的则从属于区域公路，这些桥梁是否应该修建或何时修建，与公路建设的规划有关，但都是以车辆流量大小为研究对象。城市桥梁则需服从城市交通建设的总体规划，也是以可能通过桥梁的车流量作为决策指标。

桥梁的可行性论证包括工程可行性和经济可行性两部分。工程可行性需要基本确定桥梁设计标准、桥位、桥式等技术问题，而经济可行性则需解决工程投资、资金筹措及偿还等问题。一座桥梁的可行性论证涉及的因素很多，包括区域社会经济分析，交通发展预测，建设方案，工程实施，投资与融资，环境影响，等等。只有通过充分的调查研究，通过全面的权衡分析，才能得出合理的结论，提出符合实际的设计任务书。

下面就工程可行性研究中的一些主要问题说明如下。

(一)桥梁技术标准的制定

首先，需调查研究桥上可能通行的交通种类及其要求(如是否有等级以外的特殊荷载。桥上是否需铺设附属管线等)，预测交通流量和今后可能发生的增长率，由此确定线路等级、需要的车道数或行车道宽度，非机动车道宽度、荷载等级等。其次，要确定容许行车速度、桥梁纵坡和曲线半径等。此外，还要确定航运标准、航运水位、通航净空、船舶吨位以及要求的航道数量及位置等。航运标准直接影响桥梁的高度和跨度设计，是影响桥梁建设规模的主要因素之一。设计部门需与航运部门充分协商，慎重对待。

(二)桥位选择

一般而言，桥位的选择在大方向上应服从桥梁所连接的两端线路的走向，服从路网规划的要求；在小范围内，桥位可进行适当挪动以便比较。建在城市范围内的桥梁，其桥位应满足城市道路总体规划的要求。从线路的观点来看，既要降低桥梁的建筑和养护费用，也要避免或减少因车辆绕道而增加的投资和运输费用；而从桥梁的观点出发，应尽可能把桥位选择在河道顺直、河槽固定、水流平稳、河面较窄、地质良好、河床冲淤变化较小、可基本正交跨越的河段，以降低造价、提高桥梁结构的安全性和稳定性。因此，对重要的或在经济上影响较大的桥梁，其桥位选择应通过路桥综合比较后决定。

除路桥比较外，在确定桥位时，还需要对其他因素(如通航条件、地质条件、水文情况、气候条件、建桥与周边环境的关系等)进行比较。一般需提交 2～3 个桥位，以便进行多方面的综合比较，从中选择出合理桥位。

(三)桥式方案比较

一般情况下，桥式方案比较的目的，在于评估各方案的技术可行性，特别是桥梁基础工程的可行性。为此，应该采取相对比较成熟的方案以提高评估的可信性。在编制桥式方案时，当根据水文、地质及航运条件，研究正桥、引桥的长度及跨度，并以各种结构形式及不同材料的上部结构进行同等深度的比较，并提供各个方案的建造方法和工程材料用量等。以工程量适度、技术先进并且可行的方案作为一个桥位的桥式参选方案。

近十多年来，随着社会的进步发展，桥梁设计理念也在逐步发生变化。这些变化，反映到桥式方案上，主要表现为上部结构方案的确定。对一些位于城市、景区、特殊桥位处的桥梁，所提出的方案除技术可行性以外，还需要更多地考虑桥梁的美学定位，考虑自然环境、社会环境对桥梁美观的要求。

(四)调查工作

上述几项工作应在实地勘测调查的基础上进行，具体内容包括如下。

1. 地形测量

为调查自然条件及周围环境而进行的勘测工作称为草测。一般需要根据 1/10000 地形图，进行图上定线，在实地桥位两岸设点，用测距仪测得跨河距离加以校正，并进行现场核查。

2. 地质勘探

本阶段的地质工作以收集资料为主，辅以在两岸适当布置钻孔进行验证。要探明覆盖层的性质、岩面高低、岩性及构造，有无大的构造、断层。并从地质角度对各桥位做出初步评价。

3. 水文资料

为确定桥梁的建筑高度、跨径、基础埋置深度等，需要调查和测量河流的水文情况。包括：设计流量、历史最高、最低水位，百年一遇洪水位，日常水位情况及流速等资料。在提供这些资料时，要考虑上下游是否有水库及拟建水库的影响。要通过资料或试验，论证河道是否稳定，主河槽的摆动范围，以及桥梁建成后对河段上下游产生的影响（如建桥后形成的壅水是否影响上游防汛水位，上游流速减小是否形成淤积等）。对这些问题，必要时应通过水工模型试验加以论证。

此外，结合桥位。还要对一些特殊水文条件进行研究，如涌潮河段的涌潮问题，沿海地区的潮汐问题，近海环境中的海浪、风暴潮、海雾、海冰等。

4. 外部条件

调查、了解其他与建桥有关的情况，包括：当地的砂、石料、水、电力等的供应情况，当地及附近的运输条件，施工场地的确定及征用（桥头附近是否有足够的施工场地，是否占用农田、有无必须拆迁的建筑物），有无文物、古迹或不能拆迁的建筑物，桥梁高度是否在机场航空净空范围以内；附近有无码头、过江电缆、航运锚地等。以上均属要调查清楚的外部条件。对涉及的问题都必须妥善加以处理。

三、初步设计

在桥梁可行性研究报告的基础上，经建设主管部门审查通过，就可确定一座桥梁工程的建设项目并编制设计任务书。建设单位可采用招标或委托设计的方式进行桥梁的初步设计。设计任务书是进行初步设计的依据。在初步设计阶段，设计单位应根据设计任务书中所确定的桥位、荷载等级、各项技术要求（如桥宽、桥梁建筑高度、通航净空等），按照桥梁设计原则，进行桥梁的方案设计，包括拟定结构形式（桥式、体系、跨度等）及其主要构造尺寸，提出施工方案，估算经济指标（如工程概算、主要建筑材料数量）等。对委托设计情况，被委托方应提交2～3个桥式方案以供比选，并提出推荐方案。对各投标单位的方案设计，需通过由建设单位组织的评审委员会进行评比。中标方案的设计单位可承担后续技术设计和施工设计工作。

初步设计的目的是在设计任务书的技术范围内提交一份建桥项目设计比选文件。通过初步设计，完成以下内容：(1)说明本桥梁工程的特点和要求；(2)提出若干可行的比较方案；(3)分析各方案所需的费用、工期、技术措施等；(4)推荐准备采用的较好方案。

初步设计的内容包括：(1)设计任务的来源和要求；(2)桥址处自然条件的基本资料；(3)技术条件的选定；(4)桥位方案的比选，上下部结构方案的分析、比较和确定；(5)推荐方案及其理由；(6)推荐方案的指导性施工组织，包括施工方法、进度安排、场地布置、主要机具、材料和劳力配置等；(7)工程概算。

现就桥式方案、水文和勘测工作、工程概算说明如下。

初步设计的重点是在桥式方案和结构总体构思方面。各方案均要求提供桥式布置图，标明桥跨布置，高程布置，上下部结构形式及工程数量。对推荐方案，还要提供上、下部结构的结构布置图，以及一些主要的特殊部位的细节处理图。各类结构都需经过验算并提出可行的施工方案。

在确定桥式方案时，需对桥梁平面、立面和断面的具体布置以及它们之间的关系进行反复、交互的研究和调整。

(一)平面布置

根据桥址地形平面图，可试定正桥的桥轴线位置。然后在轴线上，研究河岸及堤防情况，拟订两岸边墩(台)位置并布置其他桥墩。进一步，结合通航情况和河床情况，判断各墩位是否满足通航要求；结合地质剖面图，研究各墩位的岩面情况和附近岩层构造；结合水文资料和计算，研究各墩位处的水深、流速、流向等。综合以上情况，就可大致确定上下部结构类型、桥墩处的阻水和冲淤情况、基础类型及其大致的埋设深度等。结合线路方向、两岸地形和立面布置，可以试选引桥轴线的走向、弯道和坡度。从岸边墩(台)的路面高程，用适当的引桥长和分界点与桥台连接，然后用填土路堤引道，降落到地面附近，与线路连接。

(二)立面布置

从平面轴线布置，结合地形图、地质剖面图、水位高程、计算冲刷线和已确定的上、下部结构，可以绘成沿轴线的桥梁立面图。在立面图上，能够进行上、下部结构和基础的轮廓设计，初步验算桥墩及基础的强度和稳定性;对构造、地质层次、河床、水深、两岸地形和坡道长度、桥面高程、桥下净空等,均可定出较为准确的尺寸和数字,并显示出全桥的结构概貌和轮廓造型。

(三)断面布置

沿桥轴线各关键处,结合选定的结构类型、地形、地质横断面、水位高程和冲淤计算等,可以做出桥梁的断面布置图,显示出上部结构的横断面构造、桥面及桥面净空尺寸、墩台顺流向的轮廓设计(经验算后可确定墩台、基础的全部尺寸)。断面布置表达了桥梁的完整构造,是桥梁立面图的重要补充。

当三个方面的布置都能互相配合,满足技术要求时,桥式方案就能成立。

推荐方案必须是经过比选后得出的,要经得起反复推敲。所采用的桥式和跨度必须建立在调查研究和科学合理的基础上,切忌先入为主,或屈从某种主观意志的支配。要防止和反对那种脱离实际、好大喜功、奢侈浪费(不算经济账)、盲目追求跨度第一或造型怪异的浮夸作风。

在桥式方案中首先要慎重确定桥梁跨度,特别是主跨的跨度。采用大跨度对通航有利,也可减少费力费时的基础工程量,但在桥长相同时,大跨度较小跨度造价高、工期长(因较小的跨度可以采用多点施工、平行作业的措施)。通航桥跨应与航道相适应,要能覆盖各种水位时航道可能出现的变化。

在初步设计阶段还要进一步开展水文和勘测工作。通过水文工作,提供基础设计、施工所需要的水文资料,如施工期间各月可能的高、低水位和相应的流速,河床可能的最大冲刷和施工时可能的冲刷等。

在初步设计阶段进行的勘测工作称为“初勘”。在初勘中要求建立以桥位中心线为轴线的控制三角网,提供桥址范围内 1/2000 地形图。勘探工作一般在桥轴线上的陆地及水上布置必要的钻孔。必要时还要在桥轴线的上下游也适当布置一些钻孔,以便能控制住岩层构造情况及其变化。根据钻探取得的资料,确定岩性、强度及基岩风化程度,覆盖层的物理、力学指标以及地下水位情况等。

根据工程量、施工组织设计以及标准定额编列工程概算。各个桥式方案都要编列相应的概算，以便进行不同方案工程费用的比较。一般，初步设计概算不宜大于前期工作已批准的“估算”的10%。

另外，在主管部门审批初步设计文件时，如对推荐方案提出修改意见，则需根据审批意见，再行编制“修改初步设计”报送上级审批。

四、技术设计

技术设计需按照已批准的初步设计进行。对常规桥梁，通常不需要进行技术设计而直接进行施工设计；对新型、复杂、重要、大型的桥梁结构，需要对初步设计进行细化，以便发现可能存在的问题，进一步优化设计。技术设计阶段的主要内容是基于结构分析和设计，对选定的桥式方案中的各个结构总体的、细部的技术问题做进一步研究解决，提供详尽的结构设计图纸，包括结构断面、配筋、构造细节处理、材料清单及工程量等。

在结构分析中，需要借助专门的桥梁分析软件，针对桥梁在施工及运营阶段的不同工况，详细分析结构的静动力行为；在结构设计中，需要按照现行设计规范，对结构的安全性和适用性等进行检查。

技术设计阶段要进行补充勘探（简称“技勘”）。在进行补充勘探时，需对各水中基础布置必要的钻孔；岸上基础的钻孔也要有一定的密度；基础下到岩层的钻孔应加密；还要通过勘探充分判断土层的变化。技术设计的最后工作是调整概算（修正概算）。

五、施工设计

施工设计需按照已批准的初步设计或技术设计进行。施工设计一般由原编制初步设计或技术设计的单位继续进行，也可由中标的施工单位进行。施工设计内容主要包括结构设计计算（具体细节），绘制能让施工人员按图施工的施工详图等。绘制施工详图过程中，对断面不宜做大的变动,但对细节处理及配筋,特别是钢筋布置则允许做适当变动。

在施工设计阶段还要进一步根据施工需要进行补充钻探(称“施工钻探”),特别是对于重要的基础。对支撑在岩层内的基础要探明岩面高程的变化。

根据施工设计资料,施工单位编制翔实的施工组织设计和工程预算。在所有设计文件经上级主管部门审批后,即可着手实施桥梁建造的各项工作。桥梁建成后,通常还需进行成桥荷载试验、质量检查验收及办理交接手续,由接收部门负责今后的桥梁通车运营和养护维修。至此,建桥工作正式完成。

第三章 桥梁结构防灾和耐久性设计

概念设计是整个工程设计阶段的初级阶段，离不开对桥位的自然条件、桥梁的使用功能和周边的景观要求等一系列基础资料的充分研究，概念生成和选择的成果体现了设计者对设计对象的独特理解、对设计任务的具体驾驭和对设计目标的总体把握。同时，概念设计又必须遵循一些基本原则，例如，国外早期的 3E 原则，即功效、经济和美观，我国早期的"实用、经济、在可能条件下照顾美观"建设原则，我国目前的"安全、适用、经济、美观"八字方针，21 世纪国际桥梁"安全、适用、经济、美观、耐久、环保"六项原则。

随着社会经济的高速发展，所建造的桥梁工程规模越来越大、系统越来越复杂、功能越来越众多，国际上称之为"超级工程"。这些工程的共同特点是：投资巨大、技术复杂、环境影响严重、灾害概率增大（包括强风、地震、海啸、船撞、恐怖袭击等），同时养护、维修、加固难度很大。因此像过去那样只局限于满足结构功能，单一层面上寻求结构安全已经不够了，还必须针对桥梁结构防灾设计和耐久性设计给出规定。从 20 世纪 70 年代开始，国内外在认真总结经验教训的基础上，除了继续强调结构设计和施工的安全性之外，还逐步讨论了结构防灾性能、结构耐久性、整体可靠性、构件可换性等，对不同桥梁结构的灾害等级和风险水平进行了分析，提出了防灾设计和耐久性设计的新概念。实质上，结构防灾设计和结构耐久性设计所要解决的问题就是经济、合理的使用年限问题，即结构寿命期问题。

概念设计中的桥梁结构防灾和耐久性设计的主要目的有三个：第一，了解各种灾害对桥梁结构可能造成的损伤和破坏，以及桥梁结构所表现出来的主要耐久性问题，以便在概念设计阶段就充分估计到这些灾害和问题的严重程度;第二,掌握桥梁结构抵抗各种灾害设计和耐久性设计的基本原则、基本方法和有效手段,使得在概念设计阶段就预先准备好了结构防灾和耐久性方案与措施;第三,介绍国内外在桥梁结构防灾和耐久性设计方面的先进理念、创新实践和成功经验,开拓经济、合理、全面、创新的防灾和耐久性设计思路。

第一节　桥梁抗风设计

对于桥梁结构,特别是大跨、柔性桥梁结构,除了进行必要的静力设计和分析之外,还必须开展与动力设计和分析相关的桥梁抗风设计。大跨径桥梁抗风性能的设计和分析方法包括理论分析、风洞试验、数值模拟和现场实测,但在桥梁概念设计阶段,一般在技术、时间和经费上不允许进行精细化的抗风设计与分析,所以建立桥梁抗风设计理念显得尤为重要。为了建立桥梁抗风设计理念,首先,必须掌握平均风和脉动风的特性以及桥梁抗风的基本原则,这将在第一部分风与桥梁抗风中介绍;其次,需要理解桥梁抗风设计减小风荷载的理念,第二部分主要从桥梁结构主要构件——主梁和拱肋、桥塔和桥墩、主缆和拉索等入手,简单介绍减小风荷载的做法;然后,也需要理解桥梁抗风设计降低风致振动的理念,第三部分主要从主梁颤振和驰振、主梁或拱肋涡振、拉索风雨激振三个方面,简单介绍降低振动危害性的工程实践和经验方法;最后,还要了解当桥梁结构自身的抗风性能无法满足抗风要求时,可以采用哪些控制措施来改善结构抗风性能,第四部分主要介绍了主梁颤振控制、主梁或拱肋涡振控制和拉索风雨激振控制的有效气动措施。

一、风与桥梁抗风

风是地球表面的一种自然现象,人类社会能够定量估算风致作用的历史始于"第一位土木工程师"施密顿于 1759 年所发表的关于平均风荷载计算的著名论文;120 年后的 1879 年,当时世界最长的 84 孔铁路桥梁——英国泰湾大桥被强风吹毁的事实，将风荷载的计算推进到了必须考虑脉动风荷载或阵风荷载的时代；60 多年后，1940 年秋，美国华盛顿州建成才 4 个月的世界第二大跨度悬索桥——塔科马大桥在 8 级大风作用下发生强烈的振动而坍塌，才彻底结束了人类单纯考虑风荷载静力作用的时代。现代风工程历史是从对塔科马大桥风毁事故的调查开始的，70 多年来，形成了桥梁与结构的抗风设计原则和规范，特别是近 30 年，取得了巨大的进展。

(一)风特性

人类居住在被一层厚达 1000km 的大气所环绕的地球上，这一环绕地球的大气层从上到下可分为热层、中间层、平流层和对流层。其中，对流层为地球表面以上约 10km 范围内的大气，人类活动主要在对流层中进行，例如航空飞行常常在近万米的高空，地球上最高的山峰——珠穆朗玛峰的高度为 8848m……由于太阳辐射在地球表面分布的不均匀性和地球表面水陆分布、高低分布的不均匀性以及地球的自转等因素造成太阳对地表加热的时空不均匀性，使得对流层中大气温度分布存在时空的不均匀性，造成空气的竖向对流和水平流动，从而产生了风。简单地讲，风是空气相对于地球表面的流动，主要是由于太阳对地球大气加热的时空不均匀性所引起。当空气变冷时，它的重量就会增加，就往下沉；当空气变热时. 重量减轻，就会往上升。热空气上升的地方，冷空气就会从周围流过来填补其空缺，由此就形成了风。

空气的流动产生风，由于地球表面的地形起伏和各种障碍物的影响. 使得靠近地面的风(简称近地风)的流动发生紊乱。从风速仪的实测记录中已经发现，风速的时程曲线中包含有两种成分：一种是周期大于 10min 的长周期平均风成分，一般按照随机变量来描述；另一种是周期仅几秒或更短的短周期脉动风成分，一般按照随机过程来处理。平均风的大小通常按英国人蒲福拟定的等级划分成 0～12 共 13 个等级，它是按照陆上地物、海面和渔船等特征以及 10m 高度处的风速、海面浪高等进行划分的。

(二)风致灾害

风灾是全球最常见和最严重的自然灾害之一,年复一年地给我们人类社会带来巨大的生命和财产损失,造成大量工程结构损伤和破坏,严重影响了我们的经济和社会活动。风灾具有发生频率高、次生灾害大(如暴雨、巨浪、风暴潮、洪水、泥石流等)、持续时间长等特点。20 世纪后 50 年国际十大自然灾害统计结果表明:风灾发生的次数最多,约占总灾害次数的 51%;风灾导致的死亡人数最多,约占 41%;风灾造成的经济损失最大,约占 40%。2005 年世界十大自然灾害中有两次是风灾,其中美国“卡特里娜”飓风造成房屋损坏、桥梁倒塌、城市淹没、交通中断,导致约 2000 人死亡、直接经济损失高达 2000 亿美元以上。

我国是世界上少数几个受风灾影响最严重的国家之一。我国地处西北太平洋西岸,是全世界最严重的热带气旋——台风大多数是在西北太平洋上生成的,并沿着西北或偏西路径移动,曾经正面袭击过我国的海南、广西、广东、福建、浙江、上海、江苏、山东、天津、辽宁等 10 多个沿海省、市、自治区,而且风灾发生频度很高,平均每年在我国沿海地区登陆的台风有 7 个、引起严重风暴潮灾害 6 次。

(三)抗风基本原则

当风受到结构物阻碍时,它的部分动能将转化为作用在结构物上的外力功,这种外力就是所谓的风荷载。当风绕过一般为非流线型(钝体)截面的桥梁结构时,会产生涡旋和流动的分离,形成复杂的空气作用力。当桥梁结构的跨度较小(200m 以下)、刚度较大时,结构基本保持静止不动,这种空气力的作用只相当于静力作用,或静风荷载,其中包括平均风荷载和脉动风荷载:而当桥梁结构跨度较大(200m 以上)时,较小的刚度使得结构振动很容易被激发,这种风的作用不仅具有静力特性,而且具有动力特性,或动风荷载。

风的动力作用激发了桥梁风致振动,而振动起来的桥梁又反过来影响空气的流动,改变空气作用力,形成风与结构的相互作用机制。当空气力受结构振动的影响较小时,空气作用力作为一种强迫力,导致桥梁结构的有限振幅强迫振动，主要包括桥梁抖振和桥梁涡振；当空气力受结构振动的影响较大时，受震动结构反馈制约的空气作用力，主要表现为一种自激力，导致桥梁结构的发散性自激振动，主要包括桥梁颤振和涡激共振。此外，斜拉桥的拉索还会在风或风雨共同作用下发生不同形式的振动，例如拉索涡振、参数振动、尾流驰振和风雨振动等。

根据我国《公路桥梁抗风设计规范》(JTG/T 3360－01—2018)的规定，桥梁结构抗风设计应遵守如下原则：在桥梁设计使用期限内可能出现的最大风速下，结构不应发生毁坏性的发散性自激振动；在最不利设计风荷载与其他作用的共同组合下，结构应具有规定的强度和刚度，并不应发生静力失稳；结构非破坏性风致振动的振幅应满足行车安全、疲劳强度和行车舒适度的要求；结构的抗风能力可通过气动措施、结构措施和机械措施予以提高。

为了贯彻抗风设计原则，在桥梁结构概念设计阶段虽然没有必要采用风洞试验方法或数值模拟方法进行结构抗风性能的试验研究和总体评价，但仍然可以通过对结构和构件的布置充分体现抗风设计的理念，其中主要包括减小静风荷载、降低风致振动和附加控制措施。

二、减小静风荷载

浸没在气流中的任何物体，都会受到气流的作用，气流绕过一般为非流线型或钝体截面的桥梁结构时，会产生静风荷载的三个分量，即静风荷载阻力分量 F_0 或 F_m、静风荷载升力分量 F_1 或 F、和静风荷载升力矩分量 M_1。

结构静风荷载的三个分量与设计风速、截面形式和结构尺寸三个因素有关。设计风速是由基本风速、场地粗糙度和离地高度等条件决定的。为了减小静风荷载，桥位应当尽可能选择在基本风速较小的地区；在相同的基本风速条件下，地表粗糙度越大的场地，平均风速越小，但脉动风速或阵风风速会越大；平均风速随离地高度的增加而增加，但脉动风速随离地高度的增加而减小。截面形式和结构尺寸对静风荷载的影响将按照主梁和拱肋、桥墩和桥塔、主缆和拉索等构件形式进行讨论。

(一)主梁和拱肋

主梁和拱肋的截面形式和结构尺寸对静风荷载的影响很大。从总体上来看,截面形式越接近于流线型,静风荷载就越小;反之,截面形式越类似于钝体,静风荷载就越大。影响静风荷载的主要结构尺寸是主梁或拱肋截面的宽度和高度,宽高比越大,静风荷载就越小,反之,宽高比越小,静风荷载就越大。

拱桥一般具有两片或两片以上的拱肋,拱肋截面与主梁截面相比,宽度要小很多。作用在每片拱肋上的静风荷载一般可以忽略升力矩分量,剩下的阻力分量和升力分量主要取决于最外侧拱肋及其高度的外轮廓形状,并且每一片拱肋所受到的阻力和升力应该都是不一样的。减小静风荷载的方法主要是提高外侧拱肋组成的外轮廓的宽高比,或采用拱肋截面倒角等措施将截面流线化。

(二)桥墩和桥塔

桥墩和桥塔一般都是竖直构件:一方面,这类竖直构件沿着高度方向截面是变化的,风速大小也是变化的,因此,静风荷载沿高度变化比较复杂;另一方面,这类竖直构件截面的长宽比与主梁相比较小,一般可以忽略升力和升力矩分量,因此,静风荷载只考虑阻力分量一项比较简单。桥墩和桥塔的静风荷载一般是指某个高度构件的静风阻力。

当桥墩或桥塔的高度很高时,静风荷载会很大,有时必须兼顾墩柱或塔柱截面的建筑外形和静风荷载。我国跨度最大的悬索桥——主跨1650m的舟山西埃门大桥,桥塔断面就曾经进行了多轮气动选型,其中,首轮对常用的双矩形截面,比较了三种倒角形式,即外凸圆形、内凹圆形和内凹矩形。四种不同倒角形式的双塔柱截面的横桥向静风阻力系数C,和顺桥向静风阻力系数C,最大横桥向和顺桥向静风阻力系数外凸圆形倒角后只有不倒角的1/4左右;内凹圆形和内凹矩形两种倒角相差不大,也都可以减小大约30%的静风阻力系数。所以,在满足结构要求的前提下,应当结合建筑外形设计,考虑对矩形截面进行适当的倒角处理以减小静风荷载。

(三)主缆和拉索

悬索桥中的主缆和吊索以及斜拉桥中的拉索,尽管一般具有流线型的圆截面,但是它们仍会受到静风荷载的作用,与桥墩和桥塔一样,一般只需要考虑阻力分量就可以了。

现代大跨度悬索桥的平行丝股主缆一般都是由钢丝组成的钢丝束股,然后再由若干束股编成一根主缆。采用预制平行钢丝束股法的束股通常按照正六边形平行排列,常用的钢股丝数有61、91、127、169等,组成形状稳定的正六边形。这种排列除了方便施工之外,还可以最大限度地减小束股与束股之间的空隙率,达到减小主缆截面外径的目的。悬索桥主缆的静风阻力系数一般不变,单根主缆可以取值0.7左右,所以外径越小,静风阻力就越小,两者成正比关系。

斜拉桥的拉索一般都采用钢索,必须用高强度钢筋、钢丝或钢绞线制作。主要的钢索种类有高强钢筋索、平行钢丝索、钢绞线索、单根钢绞线等。目前,在大跨度斜拉桥中最常用的有平行钢丝索和钢绞线索两种,平行钢丝索的空隙率较小,所以相同强度下的外径较小,静风阻力相对较小;反之,钢绞线索的空隙率较大,所以外径较大,静风阻力相对较大。由于雷诺数效应的影响,斜拉桥拉索的静风阻力系数要比悬索桥主缆大,一般取值范围为0.8～1.0。

三、降低风致振动

桥梁结构由于桥型、跨径和材料等的不同,其主要构件会产生各种形式的风致振动,大跨度斜拉桥和悬索桥的主梁会发生颤振、驰振、涡振和抖振等风致振动,大跨度拱桥钝体拱肋截面会引发涡振,缆索承重桥梁的钢桥塔容易导致驰振和涡振,斜拉桥的长拉索存在风振和风雨激振的可能,悬索桥和拱桥的吊杆也有风振的问题等。

在上述各种风致振动中,颤振和驰振是两种发散性的自激振动,根据桥梁抗风设计原则是必须完全避免的;涡振是一种大振幅的振动,同时具有自激振动和强迫振动的特性,桥梁抗风设计原则要求满足刚度要求;拉索的风雨激振是一种大振幅的自激振动，应满足一定的强度和刚度要求；其他构件的抖振和风振都是有限振幅的非破坏性强迫振动，不会引起桥梁结构的破坏，只要满足行车安全、疲劳强度和行车舒适度就可以了。

在桥梁概念设计阶段，为了提高结构抗风性能所贯彻的降低风致振动理念，主要是针对主梁颤振和驰振、主梁或拱肋涡振、拉索风雨激振等发散性或大振幅的自激振动，而其他有限振幅的非破坏性强迫振动可以在后续的设计阶段中加以考虑。

（一）主梁颤振和驰振

颤振是一种破坏性的纯扭转或弯曲和扭转耦合的发散自激振动，当其达到临界风速时，振动的主梁通过气流的反馈作用不断吸收能量克服结构自身阻尼，导致振幅逐步增大直至结构破坏，颤振几乎可以发生在任意一种主梁截面形式中，只是颤振临界风速大小不同而已。驰振是一种破坏性的横风向弯曲的发散自激振动，主要是由于升力曲线的负斜率引起的，驰振一般发生在非圆形的边长比小于 4 的类似矩形断面的钝体构件中，在大跨度桥梁中一般很少采用这种高宽比的主梁。

判断桥梁颤振失稳与否的标准是桥位颤振检验风速是否大于桥梁颤振临界风速，前者是设计基准风速乘以风速修正系数和安全系数后的一个风速标准，后者一般采用节段模型或全桥模型风动试验方法以及桥梁颤振理论计算方法来确定。在桥梁概念设计阶段一般可以采用《公路桥梁抗风设计规范》（JTG/T 3360－01—2018）中规定的颤振临界风速估算公式进行初步评价，该公式还有助于分析影响颤振临界风速的主要因素。

颤振临界风速估算公式表明：影响颤振临界风速的主要因素有主梁截面形状（包括阻尼比）、攻角效应系数、主梁等效质量和质量惯矩、扭转基频等。其中，阻尼比较大、流线型较好的截面，具有较高的颤振临界风速；－3°或＋3°攻角的颤振临界风速低于 0°攻角；提高主梁等效质量或质量惯矩，有助于提高颤振临界风速，但效果有限，只是一种 1/4 次幂的关系；提高桥梁扭转基频，能有效提高颤振临界风速。

在桥梁概念设计阶段，除了可以根据以上四种因素来判断或改善桥梁结构的颤振稳定性能，还可以借助已经建成的类似桥梁的动力特性和颤振性能，对设计桥梁进行一种简单的比较或对比。

(二)主梁或拱肋涡振

风流过一般为钝体截面的桥梁结构构件时，会发生流动分离与再附形成旋涡的脱落，产生交替变化的涡激力，当旋涡脱落频率接近或等于结构的某阶自振频率时，就会激发出结构的涡激振动，简称涡振。涡振虽然不会像颤振和驰振那样引起整个结构的发散性振动，导致结构动力失稳破坏，但是当涡激振动频率接近结构固有频率时，也会出现较大的振幅，形成涡激共振，这种兼有自激和强迫特性的振动轻者引起舒适度和行车问题，重者可能造成结构过大的变形，甚至强度破坏。

涡振是在较低风速区域发生的有限振幅振动。当风速较低时，涡激频率受物体振动状态影响较小，涡激频率与来流风速具有简单的线性关系；随着风速的增加，涡激频率和振幅逐步增大，当涡激频率接近结构固有频率时，振幅最大，达到涡激共振状态，这时，振动状态反过来控制了涡激频率，使得在一定范围内的风速变化无法改变涡激频率，这就是涡激振动所特有的频率“锁定”现象，相应的风速区间，称为涡振锁定风速。

评价涡激共振发生的主要指标有三个：第一，涡振锁定风速，即涡振发生风速，只有当涡振锁定风速小于设计基准风速时才需要考虑涡振问题，对于大跨度缆索承重桥梁，涡振锁定风速一般在 5～20m/s 之间；涡振最大振幅，即对应于某阶结构振型的最大振幅，《公路桥梁抗风设计规范》(JTG/T 3360－01—2018)给出了涡激共振振幅估算公式，但建议以节段模型风洞试验为准，同时规范还给出了涡激共振振幅的允许值，必须保证最大振幅小于允许值；第三，涡振发生频度，这是个与经济性相关联的指标，从理论上讲，如果涡振额定风速小于设计基准风速，并且涡振最大振幅大于允许值，就必须考虑采取涡振控制措施，但是考虑到采用涡振控制措施所要付出的经济代价，最新研究进展表明可以通过对涡振发生的频度分析，用桥梁设计基准期内首次发生涡振频率和累计涡振时间两个指标来确定是否需要采用涡振控制措施。

根据缆索承重桥梁主梁和大跨度拱桥拱肋涡振研究的最新进展，通过理论分析、模型试验和现场实测已经发现有不同程度涡振的著名桥梁有：丹麦大海带桥悬索桥、香港昂船洲桥斜拉桥、舟山西堠门桥悬索桥、上海卢浦大桥拱桥等。

(三)拉索风雨激振

斜拉桥长拉索在风和雨的环境下所发生的大幅振动，称为拉索风雨激振，引起这种振动的主要原因是在拉索表面形成了上雨线或下雨线或上下雨线。目前，我国规范还没有对这类振动问题作出比较明确的规定。斜拉桥拉索的节段模型风洞试验结果表明，拉索在风雨条件下的振动比干风(无雨)条件下的振动要剧烈得多。

根据最新研究进展，影响拉索风雨激振的主要因素有三个：第一，拉索的空间姿态，一般可用倾角和偏角来表示，尽管在25°～45°倾角和偏角下的振幅有一定差别，但都发生了振动，而这个倾角和偏角范围是绝大多数斜拉桥无法回避的；第二，拉索的几何尺寸，一般包括直径和长度，风洞试验结果表明80mm以上直径、200m以上长度的拉索都可能发生风雨激振，这个直径和长度范围也是绝大多数大跨度斜拉桥(400m跨度)必须面对的；第三，振动的风雨条件，一般可用风速和雨强来表示，风洞试验结果表明5～15m/s的风速、5～60mm/h的雨强都可以引起拉索风雨激振，这个风速和雨强条件也是我国大多数地区经常发生的降雨条件。因此，大跨度斜拉桥的长拉索风雨激振的问题是一个设计师必须面对的普遍桥梁抗风性能问题，在概念设计阶段应尽早考虑对策。

四、附加控制措施

《公路桥梁抗风设计规范》(JTG/T 3360—01—2018)抗风设计原则最后一条规定：桥梁结构的抗风能力可通过气动措施、结构措施和机械措施予以提高。这里提到的气动措施主要是指改变构件的截面外形或附加能够改变气流绕流流态的附属物，例如稳定板、导流板、裙板、风嘴、开槽等，由于这种方法对结构改变较小、经济代价较低，一般称为附加控制措施的首选;结构措施主要是指提高结构的刚度或质量、增加结构外部或内部约束等方法,这种方法一般需要付出比较大的代价,只有在组合结构总体方案变化时才考虑;机械措施主要是指外加各种阻尼器,主要包括被动调谐质量阻尼器、主动阻尼器和半主动阻尼器等,例如主梁涡振和桥塔风振控制的 TMD 被动阻尼器、拉索风振控制的内置或外置半主动阻尼器、拉索风雨激振控制的磁流变主动阻尼器等。下面将主要介绍主梁颤振控制气动措施、主梁或拱肋涡振控制气动措施和拉索风雨激振控制气动措施。

(一)主梁颤振控制气动措施

为了说明主梁颤振控制措施的必要性,给出了目前世界上已经建成的 10 座最大跨度的悬索桥,其中 5 座桥梁出现了颤振或涡振问题。根据近年来大跨度桥梁的抗风研究和建设实践,无论采用流线型钢箱梁还是透风性较好的钢桁梁,传统悬索桥跨径的颤振稳定性上限约为 1500m,超过甚至接近这一上限时,设计者必须考虑采用颤振控制措施改进气动稳定性;悬索桥加劲梁颤振控制的有效气动措施主要有中央稳定板、开槽或分体箱梁、稳定板和开槽相结合等,这些措施能够保证主跨 5000m 的悬索桥具有足够高的颤振临界风速,以满足世界上大多数地区的抗风要求。

(二)主梁或拱肋涡振控制气动措施

随着近年来大跨度桥梁跨径的不断增加,除了主梁颤振问题之外,主梁或拱肋的涡振问题也越来越多了,前文中曾经提到了几座世界著名桥梁的涡振问题。实际上,这些典型桥梁涡振问题的合理解决和最后选定的气动控制措施,对未来大跨度桥梁涡振控制具有良好的示范作用。例如丹麦大海带桥和香港昂船洲大桥都采用了原理相近的导流板、舟山西堠门大桥采用了桥面风障措施、上海卢浦大桥采用了隔流板。

(三)拉索风雨激振控制气动措施

由于拉索风雨激振产生的主要原因是拉索表面形成了上下雨线,从而改变了拉索原本非常流线型的圆截面,因此,拉索风雨激振最有效的控制方法应当是能够破坏表面雨线形成的措施。经过大量的风洞试验和现场实测，目前主要采用的气动控制措施有两种，即在拉索表面缠绕螺旋线或刻制不规则凹坑，这两种方法都能有效地将振幅减小到允许值(L/1700)的范围内。

除了采用气动措施进行拉索风雨激振的控制之外，辅助索措施也能有效减小拉索风雨振及其他振动，例如 Normandy 桥，但是该措施很少采用，主要是因为辅助索与斜拉索的连接比困难。此外，如果能够有效地提高拉索阻尼也能达到振动控制的目的，增大拉索阻尼可以采用基于不同机理的阻尼器，如油阻尼器、油黏性剪切型阻尼器、摩擦型阻尼器、高阻尼橡胶阻尼器、磁力阻尼器和电力阻尼器等。

第二节　桥梁抗震设计

与桥梁抗风设计一样，桥梁抗震设计和分析包括理论分析、振动台试验、数值模拟和震害调查等，但在概念设计阶段，一般不允许进行精细化的抗震设计与分析，所以建立桥梁抗震设计理念显得尤为重要。为了贯彻桥梁抗震设计理念，首先，必须掌握地震地面运动的基本特性震级和烈度、桥梁震害和抗震设计基本方法，这将在第一部分地震与桥梁抗震中介绍；其次，需要熟悉各种桥型的抗震设计原则，第二部分简要介绍了梁桥、拱桥、斜拉桥、悬索桥四种桥型的结构动力特性、地震反应特点和抗震设计原则；然后，需要了解国内外桥梁抗震的成功案例，以便在概念设计中加以借鉴、应用和拓展，第三部分主要介绍了常用的两种减隔振措施——阻尼器和支座，包括阻尼器、锁定装置和缓冲器以及减隔振支座。

一、地震与桥梁抗震

地震是地壳中累积的构造应力集中引起地壳岩石突然破裂的结果，地震一般可以用震级和烈度的大小来衡量。地震特别是强震对于桥梁结构的破坏是巨大的，这些破坏一般包括上部结构震害、支座及附属设施震害和下部结构震害等。学习和了解桥梁抗震设计规范中各类桥梁的抗震设计原则，在掌握已有各类桥梁抗震分析成果和经验的基础上，可以帮助设计者在概念设计时，明确抗震设防的需求，使概念设计对抗震性能的考虑更具针对性。

（一）地震振动

地震是由地球内部构造运动引发的一种自然现象。在地层构造运动中，发生较剧烈的破坏性运动时，就会引起地面震动，从而对地上或地下各种建筑物造成不同程度的地震破坏，并导致人员伤亡和财产损失。

地震振动的大小一般可以用两个指标来描述，即震级和烈度。前者是衡量一次地震大小的指标，通常用地震最大振幅或震源释放的应变能来表示；后者是用来表示地震对地表及其建筑物的影响程度，它不仅与地震释放的能量、震源深度、距震中的距离有关，而且与地震波传播中的工程地质条件和建筑物的特性等因素有关。

（二）地震灾害

地震灾害在历史上早有记载，强烈的地震常引起地表的变化，例如地裂、山崩和砂土液化等，导致人工设施的破坏及火灾、水灾、环境污染、疾病传染等次生灾害造成的人畜伤亡和社会经济损失。

桥梁结构如果缺乏合理的抗震设计，在地震时将产生严重的损坏。事实表明，国内外由于地震造成的桥梁结构破坏的数量，远远多于因风灾、船撞等其他原因而导致的破坏。例如，在我国1975年的海城地震中，地震区域内的618座桥梁中有193座遭受不同程度的损坏，约占31%；在1976年的唐山地震中，遭受震害的铁路桥梁占总数的39%，唐山地区的震害公路桥梁占62%，天津地区的震害公路桥梁占21%；在2008年汶川地震中，有6000多座各种类型的桥梁结构遭受地震灾害，其中10%左右属于严重毁坏或倒塌，需要拆除后重建。根据桥梁地震灾害的灾后调查，桥梁结构的震害主要反映在结构的各个部位，并可以按照结构从上到下分成上部结构震害、支座及附属设施震害和下部结构震害。

在上部结构震害中，梁桥或拱桥上部结构本身遭受震害而被毁坏的情况比较少见，往往是由于桥梁结构其他部位的破坏而导致梁体、拱体的破损，例如相邻梁体互相碰撞而导致梁体端部及附近桥面结构破损等。当梁体的震害位移过大而超出墩台等的支撑面时，就会发生严重的整跨落梁。

地震中，桥梁支座的震害是极为普遍的，历来被认为是桥梁整体抗震性能上的一个薄弱环节。破坏形式主要表现为盆式支座锚固螺栓被拔出、剪断或支座本身剪切破坏，板式支座被挤出、剪坏或剪切—挤出破坏。此外，桥梁附属设施的挡块会发生剪切破坏或剪—拉—弯破坏，伸缩缝会发生水平剪切破坏、竖向剪切破坏或水平拉压破坏，栏杆也会发生侧向变形破坏、竖向变形破坏或水平拉伸破坏等。

下部结构或桥梁墩台的严重破坏主要是由于砂土液化、地基下沉、岸坡滑移或开裂引起的，主要震害包括墩柱开裂、桥台开裂、节点开裂等，严重的会导致墩台垮塌。

(三)桥梁抗震设计方法

《公路桥梁抗震设计规范》(JTG/T 2231－01—2020)根据各种类型的桥梁规定了抗震设防类别及其相应的抗震设防目标。

《公路桥梁抗震设计规范》(JTG/T 2231－01—2020)提出了采用两水平设防、两阶段设计的原则。第一阶段的抗震设计，采用弹性抗震设计；第二阶段的抗震设计采用延性抗震设计方法，并引入能力保护设计原则。通过第一阶段的抗震设计，即对应 E1 地震作用抗震设计，可达到和原规范基本相当的抗震设防水平。通过第二阶段的抗震设计，即对应 E2 地震作用的抗震设计，来保证结构具有足够的延性能力，通过验算，确保结构的延性能力大于延性需求。通过引入能力保护设计原则，确保塑性铰只在选定的位置出现，并且不出现剪切破坏等破坏模式。通过抗震构造措施设计，确保结构具有足够的位移能力。

《公路桥梁抗震设计规范》(JTG/T 2231－01—2020)根据在地震作用下动力响应的复杂程度，在桥梁结构的动力响应计算及抗震设计和校核中将桥梁结构分成两大类，即规则桥梁和非规则桥梁。其中，规则桥梁是指单跨最大跨径小于或等于 90m，且墩高小于或等于 30m 的梁桥，规则桥梁的抗震必须严格按照细则规定;除此之外的其他所有桥梁,包括不满足上述条件的梁桥、拱桥、斜拉桥、悬索桥等都是非规则桥梁,细则仅仅给出了非规则桥梁抗震的设计原则,包括抗震概念设计规定。

二、各种桥型的抗震原则

虽然各种桥型因其跨度、构件尺寸和基础形式不同,表现出不同的地震反应,但是,同一类桥型在动力特性、地震反应等方面存在一定的规律性,了解这些规律和特征,有助于在概念设计中做一些基本判断。此外,了解各种桥型的抗震设计原则,在概念设计阶段也是非常重要的。

(一)梁桥

梁桥可以分为规则桥梁和非规则桥梁,但无论是哪一种梁桥的动力特性和地震反应都已经是比较熟悉的了。有关抗震设计可以参照《公路桥梁抗震设计规范》(JTG/T 2231—01—2020),其中,最为重要的是应尽量采用对称的结构形式,上下部结构之间的连接构造应尽量均匀对称。

(二)拱桥

拱桥是一种以受压构件——拱肋作为主要受力构件的桥梁,所以决定了跨度不可能很大,结构刚度不会很小。结构动力特性和地震反应参照《公路桥梁抗震设计规范》(JTG/T 2231—01—2020)进行分析。最重要的抗震设计原则是:建在抗震设防烈度 8 度或 9 度地区的大跨度拱桥,主拱圈宜采用抗扭刚度较大、整体性较好的截面形式;当采用钢筋混凝土肋拱时,必须加强横向联系;下承式和中承式拱桥应设置风撑,并应加强横梁刚度。

(三)斜拉桥

斜拉桥的频率和振型特性与其刚度和质量有关,如闭口箱梁的竖向挠曲频率较开口截面高。在其他相同条件下竖琴式拉索布置的竖向弯曲频率将低于扇形或辐射形布置的。大跨度斜拉桥一般是一种长周期结构,其第一振型——纵向飘浮振型对主塔顺桥向地震反应的贡献占绝对优势。在飘浮体系斜拉桥中,对塔的横向地震反应贡献最大的是以塔的振动为主的振型(塔的对称横向振动和反对称横向振动)。

从抗震要求出发,希望结构柔一些。因为柔性结构的振动周期长,地震反应较小,但位移反应大,应引起注意。建在抗震设防烈度8度或9度地区的斜拉桥宜优先考虑飘浮体系方案;如果漂浮体系导致梁端位移过大,宜采用塔、梁弹性约束或阻尼约束体系。

(四)悬索桥

由于悬索桥是柔性结构,与飘浮体系斜拉桥一样基本周期很长,因而受地震荷载控制的可能性较小。但是,竖向地震分量对加劲梁、主塔横梁弯矩的影响,对塔柱、桩基轴力的影响应予以重视。加劲梁与边梁间的相对位移较大也是柔性结构的又一特点。保证伸缩缝的作用,设置挡块、设置减振支座等都是减小相对位移、防止落梁的较好措施。主要承重结构——桥塔宜选择有利于提高弹性变形能力的结构形式及体量,避免发生脆性破坏。

三、常用减隔震措施

总体上说,充分考虑了抗震需求和抗震性能的概念设计,在满足桥梁抗震要求方面一定会有较优的表现,但是,在许多情况下,出于设防的情况和结构自身的特点,还需要考虑一些有针对性的抗震措施,以应对一些总体的或局部的薄弱环节,完善概念设计。概念设计中应提出有针对性的措施思路和方案。

(一)阻尼器、锁定装置和缓冲器

利用结构本身的延性或外加阻尼来消耗地震作用的能量,以减少桥梁主要结构的损失。此种形式的减震技术在苏通长江大桥主桥上采用过,在希腊的Rion-Antirion桥上也有类似的装置。阻尼装置的种类很多,从其输出阻尼力和位移的关系曲线一般分为黏滞阻尼、摩擦阻尼、黏弹性阻尼和弹塑性阻尼四种,这里介绍近年来较多应用的黏滞阻尼装置。

锁定装置是一种大阻尼的特殊阻尼装置,它的锁定力和速度的方程与阻尼装置类似,装置的锁定速度定义为输出额定锁定力时的传动速度,其值小于结构由于地震、风致振动等引起的振动速度，大于温度引起的位移速度，锁定速度一般在每秒毫米量级。

(二)各种减隔震支座

1. 叠层橡胶支座

叠层橡胶支座由薄板橡胶和薄钢板交替结合而成，钢板对橡胶板的横向变形产生约束，因而增加了橡胶竖向刚度，又由于分层设置的原因，叠层橡胶支座可以发生较大的水平变形，增加了结构系统的柔性，提高周期，同时其橡胶材料可以进行特殊配制，增大材料黏性，利于吸收能量，达到减震的目的。在20世纪八九十年代建设的小跨径连续梁桥中，叠层橡胶支座应用较广，但是随着使用年限的增加，橡胶支座在天然环境下的老化问题限制了其在桥梁中的应用。

2. 铅芯橡胶支座

在橡胶支座的中部或中心周围竖直地压入纯度为99.9%的铅芯就形成了铅芯橡胶支座。在支座的中心处灌入铅棒可提高支座的早期刚度，对于控制风反应和抵抗地基的微振动有利。另一方面，由于铅棒的屈服强度较低，同时在弹塑性变形条件下有较好的抗疲劳性能，因而具有较强的耗能能力。虽然铅芯支座结合了叠层橡胶支座和铅阻尼器的特点，在地震激励下具有较小的水平刚度和较大的阻尼特性，但是相当数量的应用实例表明，低频特性的小振幅地震激励可能会使铅芯支座体系的地震反应放大。对墩柱较柔的桥梁，其隔震效果也不是很好。

目前在国内已有一些隔震建筑物和桥梁采用了铅芯橡胶支座。但在铅芯橡胶支座的工程应用中，目前的设计指标和参数往往参考建筑结构的相关规范，而实际桥梁工程的应用环境比建筑结构严酷，桥梁结构中的铅芯橡胶支座往往处于十分恶劣的自然环境中，如：高温、低温、大的温差变化、恶劣大气腐蚀环境、雨水侵蚀以及长期的大的反复蠕变变形、冲击振动等，因此，其易疲劳、承载能力有限、耐久性差等不足，无法满足当今桥梁大跨度、重载荷、长寿命的要求。

3. 钢耗能体系

钢耗能支座由一系列沿圆周排列的C形(或E形)钢耗能单元组成。在横向力作用下,通过C形(或E形)钢本身的挠曲变形提供运动位移和阻尼,其设计时需注意所有截面在运动方向的应力相同,才能够获得较好的耗能效果,因此设计及加工难度较大,同时,此类支座属于材料耗能体系,因此应保证耗能单元材料在弹性变形和塑性变形区均具有较好的抗疲劳特性,即具有较好的伸张度和较低的硬化度,并保证与耗能单元和支座相连接的关键性构件(如销轴)在具备较高强度的同时抗疲劳性能要好。

4. 回弹滑动支座

回弹滑动隔震支座由一组重叠放置又相互滑动的带孔四氟板和一个中央橡胶核、若干个卫星橡胶核组成。这种隔震装置是靠橡胶核提供指向平衡位置的恢复力,同时控制过大的相对位移,并通过四氟板和橡胶层间的摩擦来消耗地震能量。调整四氟乙烯板之间的摩擦系数和中央橡胶核的直径能达到较好的隔震性能,但这种隔震支座构造比较复杂,同时由于其使用了橡胶的原因,也存在着老化问题,耐久性不好。

5. 摩擦摆支座

摩擦摆支座的工作原理类似一个单摆:中间层滑块由高强的抗压材料构成,滑块的滑动面在下部结构发生地震位移时,由于上部结构的重力及圆弧形的下底板滑动面设计,总能产生指向平衡位置的回复力,同时在整个地震过程中滑块和滑动面之间通过摩擦耗散能量。另一方面,由于滑块的转动面与上盖板的关节接触方式,上部结构总能保持水平状态。这种支座物理意义明确、设计思路简洁、构造简单、耐久性好,并具有自恢复能力,在美国、加拿大等国的桥梁减隔震中得到了广泛应用,并取得了良好的经济效益和很好的减震效果。

6. 双曲面球型减隔震支座的结构及工作原理

双曲面球型减隔震支座主要由上座板、中座板、下座板、上球面不锈钢滑板、下球面不锈钢滑板、上四氟滑板、下四氟滑板、抗剪销、安全螺钉及防尘密封装置等几部分组成，其中上四氟滑板和下四氟滑板采用分片镶嵌的填充聚四氟乙烯复合夹层滑板。

双曲面球型减隔震支座是以普通球型支座为基础研制的，通过采用大半径球面摩擦副取代了普通球型支座的平面摩擦副，并设计了限位约束装置的一种新型支座。该支座利用钟摆机理延长了桥梁的自振周期，能够通过桥身自重提供所需的自复位能力，帮助桥梁上部结构回到原来的位置。

双曲面球型减隔震支座的减隔震工作原理是：当地震发生且水平横向力超过预定值时，限位装置的抗剪销和安全螺钉被剪断，支座的横向限位约束被解除，大半径球面摩擦副横向即可自由滑动，通过摩擦阻力逐渐消耗地震能量。这样，延长了地震周期，达到减震、抗震的效果；而地震过后，结构自重又可形成恢复力，使支座复位。

第三节　桥梁防船撞设计

由于航行船舶撞击桥梁的事故经常发生，对桥梁结构和生命财产造成很大危害，因此，从桥梁概念设计阶段开始重视防船撞设计已经逐步得到大家的共识，也使得桥梁工程师在跨径布局阶段对通航要求和跨径选择的经济比较问题有了新的认识。为了贯彻桥梁防船撞设计理念，首先，必须掌握桥梁防船撞的设防水准和设计原则，这将在第一部分设防水准和设计原则讲述。

概念设计对结构防船撞性能的考虑包括防船撞理念和设防水准、桥位和桥轴线选择应考虑船撞因素、概念设计对结构防船撞性能的考虑、概念设计对防船撞措施的考虑四个方面的内容。概念设计对结构防船撞性能的考虑，是概念设计工作在多个专业领域方面的一个重要组成部分。

一、设防水准和设计原则

船舶或漂流物与桥梁结构的碰撞过程十分复杂，受碰撞时的环境因素(风浪、气候、水流等)、船舶特性(船舶类型、船舶尺寸、行进速度、装载情况以及船首、船壳和甲板室的强度和刚度等)、桥梁结构因素(桥梁构件的尺寸、形状、材料、质量和抗力特性)及驾驶员的反应时间等因素影响很大,因此,精确确定船舶或漂流物与桥梁的相互作用十分困难。

根据通航航道的特点及通行的船舶的特性,可以将需要考虑的船舶与桥梁的相互作用的河流分为内河和通行海轮的河流两大类。前者的代表船型主要为内河驳船货船队,一至七级内河航道对应的船舶吨位分别为3000t、2000t、1000t,500t、300t、100t和50t。通行海轮航道的代表船型为海轮。两者与桥梁结构发生撞击的机理有所区别,结果也大不相同。

(一)船撞设防水准

桥梁应根据其使用功能的重要性分为A、B、C三个船撞设防类别。其中,A类是指海湾、I级航道上的桥梁;B类是指Ⅱ~Ⅳ级航道上的桥梁;C类是指Ⅴ级以下航道上的桥梁。

(二)防船撞设计原则

结合桥梁船撞设防水准和性能目标,根据航道通航等级和船舶吨级,必须遵循下列三个防船撞设计原则。第一是避让或隔离理念,对于特别重要大桥或有条件增大跨径的桥梁(增加跨径经济性优于不增加跨径而设置防撞设施),或船舶吨级大于50000DWT的航道,采用避让或隔离桥墩与船舶的理念;第二是防撞理念,对于不宜增大跨径的桥梁(增加跨径经济性劣于不增加跨径而设置防撞设施),或船舶吨级大于3000DWT,小于50000DWT的航道,采用防撞耗能措施和桥墩抗撞相结合的理念;第三是抗撞理念,对于一般跨径大桥,或船舶吨级小于3000DWT的航道,采用以桥墩抗撞为主、防撞措施为辅的理念。

根据桥墩的自身抗撞击能力、桥墩的位置和外形、水流速度、水位变化、通航船舶类型和碰撞速度等因素做桥墩防撞(耗能)设施的设计。因此,采用防撞理念,其结构安全、防撞风险和经济性都是可接受的。

若由于桥梁技术限制(斜拉桥和悬索桥极限跨径、深水基础等),无法通过增大跨径获得经济性较优的方案,只能大幅增加防撞措施费用(如独立防撞结构等与桥梁结构分开的防撞击防护结构，桥墩可不计船舶的撞击力)，或者桥墩考虑巨大的船撞力而改变基础形式、增加基础工程量，再辅以防船撞耗能装置等措施。这两种方案都将导致最终大幅度增加建设总投资。对于一般跨径桥梁，当跨径较小时(如小于100m)，结构自身的抗水平撞击力较差，需要增加下部结构尺寸和基础工程量才能满足抗船撞受力要求，这将导致增加桥梁投资，相同跨径的结构考虑船撞力后投资增大。所以，适当增加一般桥梁(如非通航孔桥梁)的跨径，增加结构自身的抗撞击能力，可以获得较好的经济效益和降低船撞事故风险。

二、合理选择桥位和桥轴线

桥位和桥轴线选择应考虑船舶航行安全.并满足下列要求：

(1)考虑桥位上下游航道和港口发展与规划情况以及岸线的利用情况；

(2)桥位应选在航道顺直，河势、深槽及河床、海床稳定，水深和水流条件良好的航段上，桥区水域河床(海床)冲淤变化幅度不大；

(3)桥位应避开弯道、汊道、险滩、分流口、汇流口、港口作业区、锚地等，其距离应能保证船舶安全航行；

(4)桥轴线应尽可能与水流主流方向和设计航线正交，水流流向与桥轴线的法向夹角不超过5°。

从实际情况看，在航道顺直、桥位较正的情况下，船舶或漂流物与桥梁发生正面撞击的机会很小，斜向撞击桥梁墩台的较多。一般斜向撞击的角度小于45°。当桥位与航道斜交时，正向与斜向撞击墩台的可能性均存在，而且，当桥梁轴线法向与主流产生较大夹角时，会产生严重妨碍安全航行的不良水流。当水流与桥轴线法向的夹角不能满足要求时，应考虑适当增加桥跨跨度，保证船舶的安全航行。

三、各种防船撞措施

桥梁设计工程师除了把桥梁结构设计成具有一定的抵抗船舶冲击荷

载的能力外，还应该考虑采用缓冲装置和保护系统，改变船只冲击荷载的方向或减少对桥墩的冲击荷载，将其破坏程度减到最小，同时也减小船舶和防撞设施的破坏损失，即防撞设计中所提到的“三不坏”原则。按照防撞设施和桥梁结构受力关系，将被动防撞系统分为独立式防撞系统、一体式防撞系统和附着式防撞系统三类。此外，按照防撞设施结构形式又可以分为浮式防护系统、重力式防护系统、桩柱式防护系统、防护板防护系统。

(一)浮式防护系统

采用锚定的绳索阵列、锚定的浮筒及切向栅栏等漂浮防护系统，漂动的船只的船头嵌入缆网或锚定的浮筒，由于重力锚沿海底的拖曳而停驶。浮式防护系统对于保护在深水中的桥梁墩柱是一个可行的选择。这种防护法的主要优点有：①能吸收很大的动能；②船只损伤有限；③该系统能在深水中予以安装和工作。主要缺点是：①它在桥墩周围占用相当大的空间；②它在水域中经受风暴和浮冰而使其耐久性成为问题；③在重大碰撞事件后的修复成本可能比较高；④长期维护成本明显地取决于防腐措施的范围和效果。

另一种浮式消能防撞设施通过在主墩周围安装套箱或浮箱，利用钢材和橡胶等材料的性能达到消能的目的。浮式消能防撞设施的钢结构主体由甲板结构、平台结构、底板结构、纵横舱壁、内围壁、外围壁、水平桁等构件组成，同时可由内外围壁形成多个水密舱室而作为压载水舱，内围壁上设置的橡胶件可改善该防撞设施与桥墩承台的接触性能。浮式防撞设施的优点是可在浮力作用下，沿桥墩上下移动从而能适应水位变化，保护桥墩的范围较大；缺点是设计复杂，对桥墩和承台的外形有要求。

(二)重力式防护系统

在水中的桥墩也可采用重力式防护墩进行防护。

防护墩一般由按格子形打入的钢板桩构成，在格子内填入石料，并加混凝土盖板，防护墩也可采用预制混凝土桩，防护墩靠净质量抵抗低能驳船拖曳碰撞，但高能船只碰撞时，趋于旋转、变形，因而在冲击下往往会损坏。该方法适合在低能量和中等能量的船撞事件中采用，是比较经济而有效的。该系统的主要优点是：①它是一种独立的系统，在船只达到桥墩前偏转或吸收船只碰撞的能量；②它能合理、经济地安装在中等深度的水中；③长期维护成本相对较低。主要缺点有：①能吸收的动能限于中等水平；②船只有显著损伤；③在重大碰撞事件后的修复成本相当高。

(三)桩柱式防护系统

支撑桩防护系统包括从常见的原木桩梅花桩到用刚性盖梁连接在一起的大直径群桩，该系统能使船撞力完全与桥墩隔开，也可支撑在桥墩上。该系统的主要优点有：若选择合适的防护板形状，可使漂浮的船只偏向或转向，仅对桥墩有中度损伤。主要缺点是：①对高能量碰撞无效；②构建成本相对昂贵；③仅在中等水深中有效；④在重大碰撞事件后进行修复的成本相对较高。

该系统已以种种形式应用于美国和德国内陆航道上的大多数桥梁及许多海岸港湾河口结构上，它们以常见的导向防护板形式对船只导航通过往往是狭窄的桥洞起着重要的作用，这种导向或防护板仅能对低能量碰撞有防护作用，为对高能量碰撞事件起到防护作用，则往往在原来的基础上在外侧端部配之以板桩系缆桩。该系统的主要优点是：①导向或防护板构型帮助船只通过狭窄的导航路线，因此有助于避免碰撞事件；②在建造桥梁时，这种系统占用的造价比例适中；③在桥墩支撑格栅构型中，它能使漂浮的船只偏向；④有防火花摩擦表面。该系统的主要缺点有：①对于中等或高能量碰撞事件无效；②在重大碰撞事件后的修复费用相当高；③长期维护费用高，而且即使在经历很小的船撞后其原木也须更换。

第四节　桥梁耐久性设计

从20世纪的80年代起，欧美各国发现预应力索在水泥灌浆防腐的管道中严重锈蚀，引起了国际桥梁界的关注，提出了桥梁耐久性的问题。

国际桥梁与结构工程协会1989年年会在葡萄牙首都里斯本召开，会议以“结构的耐久性”为主题专门讨论了如何在设计阶段重视结构的耐久性，以免由于早期劣化而付出高昂的养护和加固费用。

一、结构耐久性问题

桥梁结构的耐久性是指桥梁抵抗自然风化、化学侵袭、机械磨损以及其他性能退化过程的能力。一个耐久性好的钢结构或混凝土结构，当裸露于正常环境时，能够保持其初始的构件外形、结构质量和服役功能。我国现有的规范规定，桥梁结构的耐久性或使用寿命为100年，但实际上承重构件往往存在一定缺陷，导致桥梁结构在规定使用期内就不得不重建，部分桥梁甚至在预期的一半寿命内就需要拆除重建。而这些耐久性不足的桥梁，往往在使用期内首先表现出开裂、变形、下挠等耐久性问题，其中，混凝土斜拉桥的开裂、混凝土梁桥的下挠和正交异性钢桥面的疲劳裂缝是桥梁耐久性研究中最常见也是最需要解决的问题。

(一)混凝土斜拉桥开裂

我国从1975年开始建造斜拉桥，到目前为止已经建成200多座斜拉桥，其中80%以上采用了预应力或钢筋混凝土主梁，即混凝土斜拉桥。

在全部大跨度混凝土斜拉桥中，约有20%以上的混凝土主梁出现了开裂，且裂缝形式多样，这是混凝土斜拉桥遇到的最严重的结构耐久性问题。大量研究表明，混凝土斜拉桥的裂缝有四种典型形式，即顶板裂缝、底板裂缝、腹板裂缝和隔板裂缝。混凝土斜拉桥开裂引起的耐久性问题一般可以归结为两大原因：由包括设计、构造、材料和施工中的主观失误因素引起的裂缝以及由包括超载、温度荷载、混凝土收缩和徐变等客观触发因素引起的裂缝。虽然进行了大量的现场调查和案例研究，也曾经解释了个别桥梁开裂的具体原因，但是仍然很难得出混凝土斜拉桥开裂的一般性结论。以济南黄河公路大桥裂缝调查为例，顶板的纵向裂缝和隔板的竖向裂缝是由于横向预应力的缺失和温度应力在顶板和底板内的不均匀分布引起的，而底板和腹板中的裂缝主要归因于频繁超载和混凝土收缩及徐变。

(二)混凝土梁式桥下挠

我国的混凝土梁式桥被广泛应用于中等或大跨度桥梁中,主要有预应力混凝土连续梁桥和预应力混凝土连续刚构桥两种形式,这两种桥型适合于100～300m跨度的桥梁,其中后者较前者的跨越能力更大些。我国有近60座跨度在200m以上的预应力混凝土梁式桥,虽然重庆长江大桥复线桥的主跨长达330m,但它中间有一段钢梁,属于钢—混凝土混合梁,最大跨度的混凝土梁式桥应该是1997年竣工的270m主跨的虎门大桥副航道桥。

对于大跨度预应力混凝土梁桥,最大的耐久性问题就是主跨的过度下挠,而造成这一变形问题的原因与混凝土梁体开裂有关。结构下挠会导致箱梁底板产生更多的开裂,进而降低结构刚度,最终产生更大的下挠,形成恶性循环。国内外研究结果表明:混凝土连续梁桥和混凝土连续刚构桥的主跨下挠并不是中国特有的问题,而是全世界普遍存在的问题;从结构设计、施工和养护的角度很难避免下挠的发生,目前主要通过设置预拱度的方式加以控制,例如,挪威按照跨度的0.5%预留挠度;一旦下挠发生后很难采取措施使其恢复,例如,美国曾经发生下挠恢复加固施工后导致桥梁坍塌的重大事故。

(三)正交异形钢桥面的疲劳裂缝

由于与厚重的混凝土主梁或桥面板相比,正交异性钢桥面板是一种轻质结构系统,因此在我国大跨度悬索桥和斜拉桥中,正交异性钢桥面使用比较普遍,也出现了一些疲劳裂缝问题。1997年建成的虎门大桥,其正交异性钢桥面在通车后不久就发现了桥面沥青铺装问题,到了2007年更是暴露出面板和纵肋焊接处的裂缝问题,严重影响了正常的桥梁通行,也在中国桥梁界引起了极大的关注。该桥桥面是一个典型的正交异形钢桥面,钢箱梁总宽度为35.6m,中间梁高为3.0m。作为箱梁顶板的正交异性钢桥面板厚度为12mm,并采用间距为620mm、厚度为8mm的U形肋进行夹紧。初步分析发现,正交异性钢桥面板疲劳裂缝的主要原因是频繁的超载，包括车辆密度和车轴重量两个方面。为此，首先进行了交通量统计分析，日交通量从 1997 年的 14928 辆增加到 2008 年的 62439 辆，增长系数为 4.2，也就是在其间的 11 年里，6 车道桥面已经经受了 1.55 亿车次的作用，平均每个车道承受了 2.58 千万车次的作用，远远超过了疲劳强度。然后又对车辆轴重进行了统计分析，显示出有三个轴重峰值，分别为 50kN、150kN 和 400kN，而桥梁的设计轴重是 200kN，几乎一半以上的车辆轴重超过设计轴重。最后的现场调查和实验研究发现，这些裂缝主要发生在重型载货汽车行驶的两个边车道上，由于载货汽车超载严重、通行密度又高，而钢桥面板较薄，沥青铺装破坏后造成路面不平整，加大了冲击作用，正是由于这些综合因素导致了正交异形钢桥面在通车不到 12 年的时间里就因为反反复复的超载而产生严重的疲劳裂缝。

二、耐久性设计基本原则

从 20 世纪 70 年代开始，国内外在认真总结经验教训的基础上，除了继续强调结构设计和施工的安全性之外，还逐步讨论了结构耐久性、整体可靠性、构件可换性等，对不同桥梁结构的灾害等级和风险水平进行了分析，提出了耐久性设计的新概念。实质上，结构耐久性设计所要解决的问题也就是经济、合理的使用年限问题，即结构寿命期问题。

一座大型桥梁要服务 100 年甚至更长时间，对于投资巨大的超大跨度桥梁或跨海长桥，寿命期应考虑延长至 150～200 年，考虑到现代科学、经济的高速发展，在结构寿命期内，除了结构本身的老化和衰变的内因外，外因变化也很大。例如要预测桥梁结构百年间的使用要求变化、制定出各种标准进行设计是很难实现的。然而，工程师应能使得结构物适应各种变化，采用各种措施为结构提供补充“体能”的机会。为了实现这个目标，在设计时结构必须具备六大特性，即可检性、可修性、可换性、可健性、可控性及可持续性。工程师必须认识到整体结构的寿命和各个构件的寿命是不完全相等的，例如橡胶支座的寿命不超过 20 年、斜拉索护套的寿命为 10～20 年、拉索钢丝的寿命可达 40 年、钢结构油漆的最长寿命是 20 年等。这些自身寿命期低于结构设计寿命期的部件必须在构造上保证可查、可修、可换、可加强。在外因剧变的情况下，结构的变形要在构造上“可控”，才能够在运营阶段对桥梁进行维修和加固等作业，从而保证结构的耐久性。

为了保证桥梁工程安全性和耐久性设计理念的贯彻落实，首要的工作是制定相应的设计、施工和养护规范、规程、标准和指南。实际上，规范和标准的制定也反映了一个国家的建设水平。在经历了 1923—1963 年的容许应力法和 1963—2003 年的极限状态法之后，从 2003 年起，发达国家已经着手致力于基于性能的设计规范的制定，以提高基础设施，特别是重大基础设施的设计和建造水平。制定和编制建立在耐久性要求、全寿命设计和可持续理念之上的基于性能的桥梁工程设计规范和标准，应当成为 21 世纪桥梁工程的最重要任务之一。

三、结构耐久性保证措施

概念设计应对结构耐久性保证措施和桥梁建成后的养护有所考虑，对结构关键部位采取必要的措施，对养护方案形成基本的思路。

(一)牺牲性保护

对于在周期性检查和维护中难以接近的结构构件(比如桩和基础)而言，给它们加一层牺牲性保护是个好主意。在特定的环境下，牺牲性保护层将持续存在一定时间从而让结构成员在保护层磨耗尽之前免受外部侵蚀力的影响。

桩是个典型的例子。大多数桩在施工完成后是无法接近检查的。可以在混凝土的外面包上一层牺牲性钢壳，位于佛罗里达州的阿科斯塔桥就是这样一个例子。同样也可以在钢桩的外面包上一层保护层来承受一定时期内的环境侵蚀。在旧金山奥克兰海湾大桥新的东部桥段的设计中，钢管桩外表就使用了这种牺牲性保护层。

目前国内较多采用钢护件壁厚腐蚀余量加环氧粉末涂层防护的办法保证其使用寿命。

(二)细节设计

作为耐久性设计的细节设计包括：

(1)采用高耐久性混凝土，增强混凝土的密实度，提高混凝土自身的抗破损能力；

(2)加强桥面排水和防水层设计，改善桥梁的环境作用条件；

(3)改进桥梁结构设计，包括加大混凝土保护层厚度；加强构造钢筋，防止裂缝发展；采用具有防腐保护的钢筋；

(4)对钢结构要进行合理的表面涂装，结合桥梁所处的环境采用合适的防腐方法；

(5)对于重要的结构可进行采用多道防腐措施并定期检测，另外还可采取一些防腐蚀措施，如环氧涂层钢筋、混凝土表面防腐涂层、面层钢筋阻锈剂、渗透模板、阴极保护(钢管桩的防腐蚀保护)等；

(6)严格对应力、裂缝等的细节设计和控制。

(三)可更换性措施

并不是每个桥梁结构单元的寿命都和大桥的设计寿命一样长。如果让每个结构单元的寿命都和大桥的设计寿命一样的话，成本就可能会很高。在一般的设计中，作为例行程序，在一定时间之后某些结构单元可以被更换。支座、伸缩缝及磨耗层都属于这类结构单元。可见结构单元的易替换性就变得十分重要。任何交通中断都将增加维护成本，虽然说这个成本和生命周期成本不在一个数量级。一项需时太长的维护工程常常会令附近的商业受到严重的损害。

(四)易维护性措施

易维护性是极其重要的，易接近是通往易维护性的第一步。由于人性的习惯，与不易接近和看不见的部分相比，易接近和看得见的部分往往能得到更频繁和更彻底的检查。由于需维护的暴露外表面较少，箱梁比板梁或桁架更可取。箱梁的内部可形成一个封闭空间以便通过机械设备提供通风，控制湿度和温度。

另一个帮助实现易维护性的方法是当可能出现的问题还未出现之前

就显示某种警告信号。比如，有两种给斜拉索桥上的斜拉索改变颜色的方法：要么是使用具有一个有色薄层和一个黑色基层的双层 PE 管，要么是在一根黑色管子之上缠包一层有色 PVF 带，在很多情况下，最好是使用后面这种方法，因为缠包带为黑色 PE 管提供了一层外套，如果有损伤，外套会部分剥离，从而引起人们的注意并得到维护和维修。

（五）检查和养护设施

索塔养护及检修等用的电梯、爬梯与简易平台宜在索塔内设置，并配有照明与防火设备，索塔上应预留用于布设斜拉索检修、更换相应设施的预埋件，在需要到达的部位以及通道应设检修爬梯及护栏。

扁平流线型封闭钢箱梁结构，箱内加劲很多，如果采用油漆防腐，其养护涂装的工作量很大，同时由于钢箱梁内部为封闭环境，油漆的溶剂很难挥发，施工养护人员的工作环境十分恶劣。因此钢箱梁内部的防腐一般均采用轻防腐加布置除湿机的防护体系，要求钢箱梁内部的湿度小于 50％。

为了方便大桥运营阶段钢箱梁的养护以及施工阶段钢箱梁环缝的焊接，特大型钢箱梁桥梁均需设置养护车。养护车根据主梁结构形式，一般均采用悬臂挂式吊车方案，即驱动机构通过钢轮倒置于工字钢轨道上，桁架通过门架与驱动机构相连。驱动机构一般有电动和人工手动两种。电动需装置滑输线，其价格比手动的要高。

第四章 桥梁基础施工

第一节 明挖扩大基础施工

明挖扩大基础施工的内容包括：基础的定位放样、基坑开挖、基坑排水、基底处理以及基础浇筑等。

一、基础定位放样

在基坑开挖前，先进行基础的定位放样工作，以便将设计图上的基础位置准确地设置到基墩上。放样工作系根据桥梁中心线与墩台的纵横轴线，推出基础边线的定位点，再放线画出基坑的开挖范围。基坑各定位点的高程及开挖过程中高程检查，一般用水准测量的方法进行。

二、基坑开挖

基坑开挖的主要工作包括挖掘、出土、支护、排水、防水、清底以及回填等。施工时，应根据地质条件、水文条件、基坑开挖深度、开挖所采用的方法和机具等，采用不同的开挖工艺。基坑在开挖前通常需完成下列准备工作：施工场地的清理、地面水的排除、临时道路的修筑、供电与供水管线的敷设、临时设施的搭建、基坑的放线等。

场地清理包括拆除房屋、古墓，拆迁或改建通信设备、电力设备、上下水道以及其他建筑物、迁移树木等工作。

场地内低洼地区的积水必须排除，同时应注意雨水的排除，使场地保持干燥，以便基坑开挖。

地面水的排除一般采用排水沟、截水沟、挡水土坝等措施。应尽量利用自然地形来设置排水沟，使水直接排至基坑外，或流向低洼处，再用水泵抽走。主排水沟最好设置在施工区域的边缘或道路的两旁，其横断面和纵向坡度应根据最大流量确定。在基坑开挖过程中，要注意排水沟保持畅通，必要时应设置涵洞。

(一)土方边坡及其稳定

1. 土方边坡

为了防止塌方，保证施工安全，在开挖深度超过一定限度时，均应在其边沿做成一定坡度的边坡。

根据各层土质以及土体所受的压力，土方边坡可做成直线形、折线形和台阶形。合理地选择基坑边坡是减少土方量的有效措施。

2. 边坡的稳定

基坑边坡的稳定，主要是由于土体内土颗粒之间存在摩擦阻力和内聚力，使土体具有一定的抗滑力来保持稳定。当土体的下滑力大于抗滑力，边坡就会失去稳定而发生滑动，这种滑动一般是在一定范围内整体沿某一滑动面向下和向外移动。一旦土体失去平衡，土体就会塌方，不仅会造成人身安全事故，影响工期，有时还会危及邻近建筑物的安全。基坑边坡的失稳往往是在外界不利因素影响下触发和加剧的。这些外界不利因素往往会导致土体剪应力的增加或抗剪强度的降低。

引起土体剪应力增加的因素主要有：坡顶上堆积物、行车等荷载；雨水或地面水渗入土中使土中的含水量增加而造成土的自重增加；地下水的渗流产生一定的动水压力；土体的竖向裂缝中的积水产生侧向静水压力；边坡过陡，土体本身稳定性不够。

引起土体抗剪强度降低的因素主要有：土质本身较差或因气候影响使土质松软；体内含水量增加使土体内聚力降低、产生润滑作用；饱和的细砂、粉砂因受震动而液化等。

(二)基坑开挖的方式

基坑开挖的方式与基础的埋置深度、地质土的性质、施工周期的长短有关。可分为直立壁开挖、放坡开挖、支护开挖。按其基坑所处的环境可分为陆地基坑开挖和水中基础的基坑开挖两种。

1. 陆地基坑开挖

基坑大小应满足基础施工要求，对有渗水土质旳基坑坑底开挖尺寸，需按基坑排水设计(包括排水沟、集水井、排水管网等)和基础模板设计而定，一般基底尺寸应比设计平面尺寸各边增宽 0.5～1.0m。基坑可采用垂直开挖、放坡开挖、支撑加固或其他加固的开挖方法，具体应根据地质条件、基坑深度、施工期限与经验，以及有无地表水或地下水等现场因素来确定。

(1)坑壁不加支撑的基坑

对于在干涸无水河滩、河沟中，或有水经改河或筑堤能排除地表水的河沟中；在地下水位低于基底，或渗透量少，不影响坑壁稳定；基础埋设不深(一般在 5m 以内)，施工期较短，挖基坑时不影响临近建筑安全的施工场所。以上情况可考虑选用坑壁不加支撑的基坑。

不加支护的基坑开挖时，坑壁依靠土体本身的抗剪强度，或采取适量放坡的方式来解决边坡的稳定问题。

基坑开挖时，坑壁的形式有直坡式、斜坡式和踏步式等。

直坡坑壁基坑：当基础土质均匀，地下水位低于基坑，基坑顶边缘无荷载，土体处于半干硬或硬塑状态时，可采用坑壁不加支护而垂直开挖的方法。如果坑壁垂直开挖超过挖深限值时，可采取踏步式坑壁开挖法或考虑放坡开挖以及做成直立壁加支撑。

斜坡坑壁基坑：在天然土层上挖基坑，若深度在 5m 以内，施工期较短，基底处于地下水位以下，且土地湿度正常，构造均匀时，可采用放坡开挖。如果基坑开挖通过不同的土层时，可按土层分层选定边坡坡度，并留出至少 0.5m 宽的台阶。若土的湿度过大，可能引起坑壁坍塌时，坑壁坡度应采用该湿度下土的天然坡度。

(2)坑壁有支撑的基坑

当基坑壁坡不易稳定并有地下水渗入，或放坡开挖场地受到限制，或基坑较深、放坡开挖工程数量较大，不符合技术经济要求时，可视具体情况，采用以下的加固坑壁措施，如挡板支撑、钢木结合支撑、混凝土护壁及锚杆支护等。常用的坑壁支撑形式有：直衬板式坑壁支撑、横衬板式坑壁支撑、框架式支撑及其他形式的支撑（如锚桩式、锚杆式、锚锭板式、斜撑式等）。

常用的支撑方法如下。

①横撑式支撑。

横撑式支撑分为水平式支撑和垂直式支撑。水平式支撑，断续或连续的挡土板水平放置。断续式水平挡土板支撑，适于能保持直立壁的干土或天然湿度的黏土，深度在 3m 以内的基坑。连续式水平挡土板支撑，适于较潮湿的或散粒的土，深度在 5m 以内的基坑。

垂直式支撑，断续或连续的挡土板垂直放置。适于土质较松散或土的湿度很高、地下水较少、深度不限的基坑。

②锚拉支撑。

水平挡土板支在柱桩的内侧，柱桩一端打入土中，另一端用拉杆与锚桩拉紧，锚桩必须设在土的破坏范围以外，在挡土板内侧回填土。适用于开挖面积较大、深度不大的基坑或使用机械挖土的基坑。

③短柱横隔支撑。

打入短木桩，部分打入土中，部分露出地面，钉上水平挡土板，在背面填土。适于开挖宽度大的基坑，当部分地段下部放坡不够时使用。

④钢板桩支撑。

挖土之前在基坑的周围打入钢板桩或钢筋混凝土板桩，板桩入土深度及悬臂长度应经计算确定，如基坑深度较大，可加水平支撑。它适于在一般地下水位较高的黏性或砂土层中应用。

⑤大型钢构架横撑。

在开挖的基坑周围打钢板桩或钢筋混凝土桩，在支柱位置上打入暂设的钢柱，在基坑中挖土，每下挖 3～4m，装上一层钢构架支撑体系，挖土在钢构架网格中进行，亦可不预先打下钢柱，随挖随接长支柱，适于在饱和软弱土层中开挖较大、较深基坑，钢板桩刚度不够时采用。

⑥钢筋混凝土灌注桩支撑。

在开挖的基坑周围，现场灌注钢筋混凝土桩，达到强度后，在基坑中间用机械或人工挖土，下挖 1m 左右装上横撑，在桩背面装上拉杆与已设锚桩拉紧，然后继续挖土至要求深度。桩间土方挖成外拱形，使之起土拱作用。如基坑深度小于 6m，或邻近有建筑物，亦可不设锚拉杆，采取加密桩距或加大桩径处理，适于开挖较大、较深的基坑，邻近有建筑物，不允许支护，背面地基有下沉、位移时采用。

⑦土层锚杆支护。

沿开挖基坑边坡每 2～4m 设置一层水平土层锚杆，直到挖土至要求深度。适于在较硬土层中或破碎岩石中开挖较大、较深基坑，如邻近有建筑物，必须保证边坡稳定时才可采用。

⑧地下连续墙加锚杆支护。

在基坑周围现浇地下连接墙，开挖土方至锚杆部位，用锚杆钻机在要求位置钻孔，放入锚杆，进行灌浆，待达到强度，装上锚杆横梁，或锚头垫座，然后继续下挖至要求深度。根据需要，锚杆可设 2～3 层，每挖一层装一层，采用快凝砂浆灌浆。适于开挖放大、较深（＞10m）、不允许内部设支撑、有地下水的大型基坑。

2. 水中基础的基坑开挖

桥梁墩台基础大多位于地表水位以下，有时水流还比较大，施工时都希望在无水或静止水条件下进行。桥梁水中基础最常用的施工方法是围堰法。围堰的作用主要是防水和围水，有时还起着支撑施工平台和基坑坑壁的作用。公路桥梁常用的围堰的类型有：土石围堰、木笼围堰或竹笼围堰、钢板桩围堰、套箱围堰。

围堰必须满足以下的要求：第一，围堰顶高宜高出施工期间最高水位 700mm，最低不应小于 500mm，用于防御地下水的围堰宜高出水位或地面 200～400mm。第二，围堰的外形应适应水流排泄，大小不应压缩流水断面过多，以免壅水过高危害围堰安全，以及影响通航、导流等。围堰外形应适应基础施工的要求，并留有适当的工作面积。堰身断面尺寸应保证有足够的强度和稳定性，使基坑开挖后，围堰不致发生破裂，滑动或倾覆。第三，围堰要求防水严密，应尽量采取措施防止或减少渗漏，以减轻排水工作。对围堰外围边坡的冲刷和筑围堰后引起的河床的冲刷均应有防护措施。第四，围堰施工一般应安排在枯水期间进行。

三、基坑排水

桥梁基础施工中常用的基坑排水方法如下。

(一)集水坑排水法

除严重流沙外，一般情况下均可采用。基坑坑底一般多位于地下水位以下，而地下水会经常渗进坑内，因此必须设法将坑内的水排除，以便于施工。集水坑(沟)的大小，主要根据渗水量的大小而定，排水沟底宽不小于0.3m，纵坡为1％～5％。如排水时间较长或土质较差时，沟壁可用木板或荆篱支撑。

(二)其他排水法

对于土质渗透较大、挖掘较深的基坑可采用板桩法或沉井法。此外，视现场条件、工程特点及工期等因素，还可采用帷幕法，即将基坑周围土用硅化法、水泥灌浆法、沥青灌浆法以及冻结法等处理成封闭的不透水的帷幕。这种方法除自然冻结法外，其余均因设备多、费用大，在桥涵基础施工时较少采用。

四、基底处理

(一)基底检验

基坑已挖至基底设计高程，或已按设计要求加固、处理完毕后，须经过基底检验，方可进行基础结构施工。基坑施工是否符合设计要求，在基础浇筑前应按规定进行检验，其目的在于确定地基的容许承载力的大小、基坑位置与高程是否与设计文件相符，以确保基础的强度和稳定性，不致发生滑移等病害。基底检验的主要内容包括：检查基底平面位置、尺寸大小，基底高程；检查基底土质均匀性，地基稳定性及承载力等；检查基底处理和排水情况;检查施工日志及有关试验资料等。

为使基底检验及时,以免因等候检验、基底暴露时间过久而风化变质,施工负责人应提前通知检验人员,安排检验。

1. 检验内容

第一,检查基坑的平面位置、坑底尺寸、高程是否符合设计要求,偏差是否在现行有关规定允许范围以内。第二,检验基坑底面土质及其均匀性、稳定性,坑壁坡面是否平顺稳定,有无排水措施,容许承载力能否满足设计要求。第三,检查基坑和地基加固、处理过程中的有关施工记录和试验等资料。第四,检查基底地基经加固、处理后的效果是否达到设计要求。

2. 检验方法

(1)小桥和涵洞基底的地基检验

一般经过直观或触探器确定土质与设计要求符合时,即可确认进行浇筑基础。

经过直观或触探对土质有疑问时,应取土样做土的物理力学性能试验,如颗粒分析、天然密度、天然含水量、天然孔隙比、液限、塑限、密度、可塑性、压缩性和抗剪强度等,以鉴定土的容许承载力,或钻探 2～4m 以上,检查下卧层土质。

特殊设计的小桥涵洞对地基沉降有严格要求,当属于不良土质情况时,宜进行载荷试验。对经过加固处理的地基,应根据不同加固方法的质量要求采用相应的检验方法,包括:测量加固范围、桩位偏差和桩体垂直度偏差;用环刀法取样或灌砂法测定压实度或干密度;用静力触探或动力触探检验加固处理后的效果。

(2)大、中桥和填土在 12m 以上涵洞基底的地基检验

一般由检验人员用直观、触探、挖试坑或钻探(钻探至少 4m 以上)试验等方法确定土质容许承载力,确认符合设计要求后,即可进行基础施工。

在地质特别复杂,或在设计文件中有特殊要求必须做载荷试验时,才

做载荷试验。必要时还应做土工试验，与载荷试验核对。

在特殊地基上已经加固处理又经触探、密实度检验后，尚有疑问时，则应再做载荷试验。

确认符合设计要求后，才能进行基础圬工的施工。

(3)检验注意事项

地基经检验后，需要做大的加固处理时，应由施工单位邀请建设单位及设计单位共同研究确定。加固处理完毕，应再经检验合格后，方可进行基础施工。

桥涵地基检验，除了进行平面尺寸和地基变形观测外，检验方法主要有静力触探、动力触探、标准贯入试验，土压力、孔隙水压力及土位移测试，载荷试验，旁(横)压试验，排水固结法加固的地基有时还需做十字板剪切试验。无论何种测试方法都有一定的局限性，故宜采用多种方法进行综合评价。现场测试要辅以取样，做室内土工试验，如加固设计已规定有检验项目和检验方法的，按设计规定办理。

为了有较好的可比性，加固前后两次的测试项目应力求对应，甚至最好由同一组织，用同一仪器按同一标准进行。

检验后按规定格式填写地基检验表，由参加检验人员签名，作为竣工验收的原始资料。

(二)基底处理

天然地基上的基础是直接靠基底土壤来承担荷载的，故基底土壤状态的好坏，对基础及墩台、上部结构的影响极大，不能仅检查土壤名称与容许承载力大小，还应为土壤更有效地承担荷载创造条件，即要进行基底处理工作。

1. 未风化岩石基底

对未风化岩层开挖至岩层面后，应清除岩面松碎石块，凿出新鲜岩面，并用水冲洗干净，岩面不得存有淤泥、苔藓等表面附着物。岩面倾斜时，应将岩面基本凿平或凿成台阶。对基坑内岩面有部分破碎带时，应会同设计人员研究处理，采用混凝土封填或设混凝土拱等方法进行处理，以满足承载力的要求。

2. 风化岩层基底

岩石的风化程度对其承载力影响很大。在开挖至风化岩层时，应会同设计人员认真观察其风化程度，检查基底是否符合设计承载力要求。按设计要求适当凿去风化表层，或清理到新鲜岩面，将基坑填满封闭，防止岩层继续风化。

3. 碎石或砂类土层

将基底修理平整并夯实，砌筑基础混凝土时，应先铺一层 20mm 厚水泥砂浆。

4. 黏土基底

基坑开挖时，留 200～300mm 深度不挖，以防止地面、地下水渗流至基面，浸泡基面，降低强度。砌筑前，再用铁锹加以铲平。如基底原状土含水量较大或在施工中浸水泡软，可在基坑中夯入 100mm 以上厚度的碎石，但碎石顶面不得高于设计高程。当基底土质不均，部分软土层厚度不大时，可挖除后换填砂土，并分层夯实。

5. 湿陷性黄土

湿陷性黄土地基开挖时，必须保持基坑不受水浸泡，并尽量避免在雨期施工，否则应有专门的防洪排降水设施，并应按设计要求采用重锤夯实、换填或挤密桩法进行加固。

6. 软土层

软土地基应按设计要求进行加固，可采用换土、砂井、砂桩或其他软土地基处理方法。

在软土地基上修建桥梁时，应按设计预留沉降量。采用砂井加固的软土地基，按设计要求采取预压。桥涵主体必须分期均匀施工。在砌筑墩台、填土和架梁工程中，随时观测软土地基的沉降量，用以控制施工进度，使软土地基缓慢平均受载，防止发生剧烈变化或不均匀下沉。

7. 泉眼

对于泉眼，应用堵塞或导流的方法处理。泉眼水流较小时，可用木塞、速凝水泥砂浆、带螺帽钢管等堵塞泉眼。堵眼有困难时，采用竹管、塑料管或钢管引流，待基础圬工灌注完后，向管内压浆将其封闭，也可在基底以下设置暗沟或盲沟，将水引至基础施工以外的汇水井中抽排，施工完后用水泥砂浆封闭。

8.溶洞地基处理

在地基下出现溶洞时，应会同设计部门研究处理，一般采取以下加固措施进行处理：第一，首先用勘测方法探明溶洞的形态、深度和范围，以便采取相应的处理方法。第二，当溶洞埋深较浅时，可用高压射水清除溶洞中的淤泥，灌注混凝土进行填充；当溶洞较深且狭窄、洞内土壤不易清除时，可在洞内打入混凝土桩。第三，当洞处在基础底面，溶洞窄且深时，可用钢筋混凝土板盖在溶洞上面，跨越溶洞。第四，当埋藏较深，溶洞内有部分软黏土时，可用钻机钻孔，从孔中灌入砂石混合料，并压灌水泥砂浆封闭。

五、基础浇筑

基础施工分为无水浇筑、排水浇筑和水下浇筑三种情况。

排水施工的要点是：确保在无水状态下砌筑圬工；禁止带水作业及用混凝土将水灌出模板外灌注方法；基础边缘部分应严密隔水；水下部分圬工必须待水泥砂浆或混凝土终凝后才允许浸水。

水下浇筑混凝土只有在排水困难时采用。基础圬工的水下灌注分为水下封底和水下直接灌注基础两种。前者封底后仍要排水再砌筑基础，封底只是起封闭渗水的作用，其混凝土只作为地基而不作为基础本身，适用于板桩围堰开挖的基坑。浇筑基础时，应做好与台身、墩身的接缝联结，一般要求是：第一，混凝土基础与混凝土墩台身的接缝，周边应预埋直径不小于 16mm 的钢筋或其他铁件，埋入与露出的长度不应小于钢筋直径的 20 倍。第二，混凝土或浆砌片石墩台身的接缝，应预埋片石，片石厚度不应小于 150mm，片石的强度要求不低于基础或墩台身混凝土或砌体的强度。

第二节 钻孔灌注桩基础施工

一、场地准备

钻孔前要进行准备工作，其内容包括：场地为旱地时，应除杂物，换除软土，整平夯实；场地为陡坡时，可用枕木、型钢等搭设工作平台；场地为浅水时，宜采用筑岛施工，筑岛面积应根据钻孔方法、设备大小等要求确定；场地为深水或淤泥较厚时，可搭设工作平台，平台必须牢固稳定，能承受工作时所有静、动荷载，并考虑施工机械能安全进出。

二、设备准备

根据地质资料，确定科学合理的钻孔方法和钻孔设备，架设好电力线路，配备适合的变压器。若用柴油机提供动力，则应购置与设备动力相匹配的柴油机和充足的燃油。混凝土拌和机、电焊机、钢筋切割机，以及水泥、砂石材料均要在钻孔开始前准备妥当。

三、埋设护筒

可以采用钢护筒，也可以采用现场预制的钢筋混凝土护筒，在放样好的桩位处，开挖一个圆形基坑将护筒埋入。护筒应坚实、不漏水，护筒内径应比桩径大20～30cm。采用反循环钻时应使护筒顶高程高出地下水位2.0m；采用正循环钻时应高出地下水位1.0～1.5m；处于旱地时，护筒在满足上述条件的基础上还应高出地面0.3m。

四、泥浆制备

钻孔泥浆由水、黏土（膨润土）和添加剂组成。具有悬浮钻渣、冷却钻头、润滑钻具、增大静水压力，并有在孔壁形成泥膜、隔断孔内外渗流、防止坍孔的作用。调制的钻孔泥浆及经过循环净化的泥浆，应根据钻孔方法和地层情况采用不同的性能指标。泥浆稠度应视地层变化或操作要求，灵活掌握。泥浆太稀，排渣能力小，护壁效果差；泥浆太稠，会削弱钻头冲击功能，降低钻进速度。

通常采用塑性指数大于25、粒径小于0.002mm、颗粒含量大于500%的黏土，通过泥浆搅料机或人工调合，储存在泥浆池内，再用泥浆泵输入钻孔内。泥浆泵应有足够的流量，以免影响钻进速度。大直径深孔采用正循环旋转法施工时，泥浆泵应经过流量和泵压计算来选择。对孔深百米以内的钻孔，一般可采用不小于2MPa的泵压。

五、施工方法

（一）基础施工

钻孔就位前，应对钻孔的各项准备工作进行检查，包括场地与钻机坐落处的平整和加固，主要机具的检查与安装。必须及时填写施工记录表，交接班时应交代钻进情况及下一班应注意事项。钻机底座和顶端要平稳，在钻进和运行中不应产生位移和沉陷。回转钻机顶部的起吊滑轮缘、转盘中心和桩位中心三者应在同一铅垂线上，偏差不超过2cm。钻孔作业应分班连续进行，经常对钻孔泥浆性能指标进行检验，不符合要求时要及时改正。

1. 冲击法

用冲击钻机或卷扬机带动冲锥，借助锥头自重下落产生的冲击力，反复冲击破碎土石或把土石挤入孔壁中，用泥浆浮起钻渣，或用抽渣筒或空气吸泥机排出而形成钻孔。

2. 冲抓法

用冲抓锥靠自重产生冲击力，切入土层或破碎土层，叶瓣抓土、弃土以形成钻孔。

3. 旋转法

用钻机通过钻杆带动锥或钻头旋转切削土，用泥浆浮起并排出钻渣形成钻孔。

(二)钻孔

一般采用螺旋钻头或冲击锥等成孔,或用旋转机具辅以高压水冲成孔。根据井孔中土(钻渣)的取出方法不同,常用的方法是:螺旋钻孔、正循环回转钻孔、反循环回转钻孔、潜水钻机钻孔、冲抓钻孔、冲击钻孔、旋挖钻机钻孔。

正循环回转钻孔:利用钻具旋转切削土体钻孔,泥浆泵将泥浆压进泥浆龙头,通过钻杆中心从钻头喷入钻孔内,泥浆挟带钻渣沿钻孔上升,从护筒顶部排浆孔排出至沉淀池,钻渣在此沉淀而泥浆流入泥浆池循环使用。其特点是钻进与排渣同时连续进行,在适用的土层中钻进速度较快,但需设置泥浆槽、沉淀池等,施工占地较多,且机具设备较复杂。

反循环回转钻孔:与正循环法不同的是泥浆输入钻孔内,然后从钻头的钻杆下口吸进,通过钻杆中心排出至沉淀池内。其钻进与排渣效率较高,但接长钻杆时装卸麻烦,钻渣容易堵塞管路。另外,因泥浆从上向下流动,孔壁坍塌的可能性较正循环法的大,为此需用较高质量的泥浆。

旋挖钻机钻孔:旋挖钻机是一种高度集成的桩基施工机械,采用一体化设计、履带式360°回转底盘及桅杆式钻杆,一般为全液压系统。旋挖钻机采用筒式钻斗,钻机就位后,调整钻杆垂直度,注入调制好的泥浆,然后进行钻孔。当钻头下降到预定深度后,旋转钻斗并施加压力,将土挤入钻斗内,仪表自动显示筒满时,钻斗底部关闭,提升钻斗将土卸于堆放地点。钻进施工过程中应保证泥浆面始终不得低于护筒底部,保证孔壁稳定性。通过钻斗的旋转、削土、提升、卸土和泥浆撑护孔壁,反复循环直至成孔。

旋挖钻机特殊的筒型钻头直接取土出渣,不需接长钻杆,钻孔时孔口注浆以保持孔内泥浆高度即可,因而能大幅缩短成孔时间,提高施工效率。由于带有自动垂直度控制和自动回位控制,成孔垂直度和孔位等能得到保证。桶钻取土上提过程中对孔壁扰动较小,桶钻周边设有溢浆孔,溢出泥浆可起到护壁作用。

旋挖钻机一般适用黏土、粉土、砂土、淤泥质土、人工回填土及含有部分卵石、碎石的地层。对于具有大扭矩动力头和自动内锁式伸缩钻杆的钻机，可适用微风化岩层的钻孔施工。

（三）孔径检查与清孔

钻孔的直径、深度和孔形直接关系到成桩质量，是钻孔桩成败的关键。为此，除了钻孔过程中严谨操作、密切观测监督外，在钻孔达到设计要求深度后，应采用适当器具对孔深、孔径、孔形等认真检查，符合设计要求后，填写钻孔检查表。

清孔的方法有抽浆法、换浆法、掏渣法、喷射清孔法以及用砂浆置换钻渣清孔法等，应根据设计要求、钻孔方法、机具设备和土质条件决定。其中抽浆法清孔较为彻底，适用于各种钻孔方法的灌注桩。对孔壁易坍塌的钻孔，清孔时操作要细心，防止坍孔。

清孔的质量要求：对摩擦桩，孔底沉淀土的厚度，中、小桥不得大于(0.4～0.6)d(d 为桩的直径)，大桥按设计文件规定。清孔后的泥浆性能指标，含砂率为4%～8%，相对密度为1.10～1.25，黏度为18～20s。对支撑桩（柱桩、嵌岩桩），宜用抽浆法清孔，并宜清理至吸泥管出清水为止。灌注混凝土前，孔底沉淀土厚度不得大于50mm。若孔壁易坍塌，必须在泥浆中灌注混凝土时，建议采用砂浆置换钻渣清孔法，清孔后的泥浆含砂率不大于4%。其他泥浆性能指标同摩擦桩要求。对于沉淀土厚度的测量，用冲击、冲抓锤时，沉淀土厚度从锥头或抓锥底部所到达的孔底平面算起。沉淀土厚度测量方法可在清孔后用取样盒（开口铁盒）吊到孔底，待到灌注混凝土前取出，直接测量沉淀在盒内的沉渣厚度。

（四）钢筋笼制作与吊装

钢筋笼的制作应符合设计和规范要求，长桩骨架宜分段制作，分段长度应根据吊装条件确定；后场制作时应在固定胎架上进行，以保证钢筋笼的顺直；注意在钢筋笼外侧设置控制保护层厚度的垫块；钢筋笼起吊入孔一般用吊机，无吊机时，可采用钻机钻架、灌注塔架。

（五）灌注混凝土

1. 灌注普通混凝土

在土中形成一定直径的井孔，达到设计标高后，将钢筋骨架（笼）吊入井孔中,灌注混凝土形成桩基础。每根灌注桩应留取混凝土抗压强度试件不少于2组。同时应以钻取芯样法或超声波法、机械阻抗法、水电效应法等无破损检测法对桩的匀质性进行检测。检测应符合下列规定:其一,宜对各墩台有代表性的桩用无破损法进行检测,重要工程或重要部位的桩宜逐根检测。其二,对质量有怀疑的桩及因灌注故障处理过的桩,均应进行检测。

2. 灌注水下混凝土

灌注水下混凝土时配备的搅拌机等设备,应能满足桩孔在规定时间内灌注完毕。灌注时间不得长于首批混凝土初凝时间。若估计灌注时间长于首批混凝土初凝时间,则应掺入缓凝剂。

水下混凝土一般用钢导管灌注,导管内径为200～350mm,视桩径大小而定。导管使用前应进行水密承压和接头抗拉试验,严禁用压气试压。

混凝土拌和物运至灌注地点时,应检查其均匀性和坍落度等,如不符合要求,应进行第二次拌和,第二次拌和后仍不符合要求时,不得使用。

首批灌注混凝土的数量应能满足导管首次埋置深度和填充导管底部的需要。首批混凝土拌和物下落后,混凝土应连续灌注。

在灌注过程中,导管的埋置深度宜控制在2～6m,在灌注过程中,应经常测探井孔内混凝土面的位置,及时地调整导管埋深。

为防止钢筋骨架上浮,当灌注的混凝土顶面距钢筋骨架底部1m左右时,应降低混凝土的灌注速度。当混凝土拌和物上升到骨架底口4m以上时,提升导管,使其底口高于骨架底部2m以上,即可恢复正常灌注速度。

在灌注过程中,特别是潮汐地区和有承压水地区,应注意保持孔内水头。

在灌注过程中,应将孔内溢出的水或泥浆引流至适当地点处理,不得随意排放,污染环境及河流。

灌注中发生故障时,应查明原因,确定合理处理方案,及时处理。混凝土应连续灌注直至灌注到设计的混凝土顶面,以保证截切面以下的全部混凝土具有优良质量。

第三节　沉井施工

一、施工方法

沉井法施工就是在墩台位置上，按照基础的外形尺寸，用钢筋混凝土或混凝土预先制成一段井筒，然后在井筒内挖土，随着挖土，井筒借助于自重逐渐下沉，沉完一段，接筑一段，一直下沉到设计高程为止。

若为陆地基础，它在地表建造，由取土井排土以减少刃脚土的阻力，一般借自重下沉；若为水中基础，可用筑岛法，或浮运法建造。在下沉过程中，如侧摩阻力过大，可采用高压射水法、泥浆套法或空气幕等加速下沉。

泥浆套法是把拌制好的泥浆，用高压泥浆泵（压力 150～500kN/cm^2），通过预埋在井壁中的压浆管，直送井筒下部，喷向井壁外部，在井壁外周形成一圈厚度为 10～20mm 的泥浆润滑套，使沉井下沉得又快又稳。

空气幕法则是向预埋在井壁四周的气管中压入高压气流，气流出喷气孔喷出外壁，沿沉井外壁上升，在井壁外周形成一圈压气层（亦称空气幕），使周围的土松动或激化，减少摩擦力，促使沉井顺利下沉。

当水很深，筑岛困难时，一般采用浮运法下沉沉井。钢丝网水泥双壁浮运沉井的井筒由内外两层井壁组成，用横隔板相连，同时又将井筒分隔成多个空格。通过对不同空孔的灌注，可以调节井筒的下沉。井壁用钢筋网和铁丝网组成壁体，抹以强度等级不低于 M40 的水泥砂浆，使之充满网眼，并具有 1～3cm 的保护层，就形成了井筒的两壁。

沉井下沉到达基底设计高程后，把井底清理干净，灌注一层封底混凝土，然后用混凝土或砂石填实井筒（也有留成空心的），再在筒顶灌注混凝土盖板，桥梁墩身和台身就是建立在盖板上的。

二、排除障碍

(一)施工过程中遇孤石

可采取潜水员水下排除、爆破等方法。在水下爆破时,每次总药量不应超过0.2kg炸药当量。井内无水时,通过计算后,可适当加大药量。

(二)施工过程中遇铁件

可采取水下切割排除。

(三)施工前已经查明在沉井通过的地层中夹有胶结硬层

可采取钻孔投放炸药爆破的办法预先破碎硬层。

三、不排水清底

沉井下沉至设计高程后基底面地质满足设计要求,如有不符须进行处理时,其方法征得设计单位同意,必要时取样检查。基底土面或岩面尽量整平。基底面距隔墙底面的高度和刃脚斜面露出的高度满足设计规定的最小高度。基底浮泥或岩面残存物(风化岩碎块、卵石、砂等)均应清除,封底混凝土与基底间不得产生有害夹层。清理后的有效面积(即沉井底面积扣除在刃脚斜面下一定宽度内不可能完全清除干净的面积)不得小于设计要求。隔墙底部及封底混凝土高度范围内井壁上的泥污应清除。

第五章　基本桥型工程的施工

第一节　梁桥施工

一、钢筋混凝土简支梁桥的施工技术

(一)概述

1. 就地浇筑施工

就地浇筑施工是一种古老的施工方法,它是在桥孔位置搭设支架,并在支架上安装模板,绑扎及安装钢筋骨架,预留孔道,并在现场浇筑混凝土与施加预应力的施工方法。由于施工须用大量的模板支架,以前一般仅在小跨径桥或交通不便的边远地区采用。随着桥跨结构形式的发展,出现了一些变宽的异形桥、弯桥等复杂的混凝土结构,加之近年来临时钢构件和万能杆件系统的大量应用,在其他施工方法都比较困难或经过比较,施工方便、费用较低时,也常在中、大跨径桥梁中采用就地浇筑的施工方法。

就地浇筑施工方法的特点如下。

(1)桥梁的整体性好,施工平稳,可靠,不需大型起重设备。

(2)施工中无体系转换。

(3)预应力混凝土连续梁桥可以采用强大预应力体系,使结构构造简化,方便施工。

(4)需要使用大量施工支架,跨河桥梁搭设支架影响河道的通航与排洪,施工期间支架可能受到洪水和漂浮物的威胁。

(5)施工工期长,费用高,需要有较大的施工场地,施工管理复杂。

2. 装配式梁桥

一般地说，用预制安装法施工的装配式梁桥与就地浇筑的整体式梁桥相比，有如下特点。

(1)缩短施工工期。构件预制可以提早进行，在下部结构施工的同时进行预制工作，做到上、下部结构平行施工。

(2)节约支架、模板。装配式梁桥往往采用无支架或少支架施工。另外，构件在预制场或工厂内预制时，采用的模板和支架易于做到尽量简便、合理，并可考虑更多的反复周期使用。

(3)提高工程质量。装配式梁桥的构件在预制的过程中较易于做到标准化和机械化。

(4)需要吊装设备。主要预制构件的重量，少则几吨或十几吨，一般为几十吨，这就要求施工单位有相应的吊装能力和设备。

(5)用钢量略为增大。

综上所述，装配式梁桥与整体式梁桥的造价比较，要根据具体情况来具体分析。当桥址地形条件下难以设立支架，且施工队伍有足够的吊装设备，桥梁的工程数量又相当大，这时采用装配式施工将是经济合理的。

(二)施工支架与模板

1. 支架类型及构造

就地浇筑混凝土梁桥的上部结构，首先应在桥孔位置搭设支架，以支撑模板、浇筑的钢筋混凝土，以及其他施工荷载的重量。支架有满布式木支架、满布式钢管脚手架，钢木混合的梁式支架、梁支柱式支架及万能杆件拼装支架与装配式公路钢桥桁节拼装支架等形式。

(1)满布式木支架

满布式木支架常用于陆地或不通航的河道，或桥墩不高、桥位处水位不深的桥梁。其形式可根据支架所需跨径的大小等条件，采用排架式、人字撑式或八字撑式。排架式为简单的满布式支架，主要由排架及纵梁等部件构成，其纵梁为抗弯构件，因此，跨径一般不大于4m。人字撑式和八字撑式的支架构造较复杂，其纵梁须加设人字撑或八字撑为可变形结构。

因此，须在浇筑混凝土时适当安排浇筑程序并保持均匀对称地进行，以防发生较大变形。木支架的跨径可达8m。

满布式木支架的排架，可设置在枕木上或桩基上，基础须坚实、可靠，以保证排架的沉陷值不超过规定。当排架较高时，为保证支架横向的稳定，除在排架上设置撑木外，尚应在排架两端外侧设置斜撑木或斜立柱。

满布式支架的卸落设备一般采用木楔、木马或砂筒等，可设置在纵梁支点处或桩顶帽木上面。

(2)钢木混合支架

为加大支架跨径，减少排架数量，支架的纵梁可采用工字钢，其跨径可达10m。但在这种情况下，支架多改用木框架结构，以加强支架的承载力及稳定性。

(3)万能杆件拼装支架

用万能杆件可拼装成各种跨度和高度的支架，其跨度须与杆件本身长度成倍数。

用万能杆件拼装的桁架的高度，可为2m、4m、6m或6m以上。当高度为2m时，腹杆拼为三角形；高度为4m时，腹杆拼为菱形；高度超过6m时，则拼为多斜杆的形式。用万能杆件拼装墩架时，柱与柱之间的距离应与桁架之间的距离相同。柱高除柱头及柱脚外，应为2m的倍数。

用万能杆件拼装的支架，在荷载作用的变形较大，而且难以预计其数值。因此，应考虑预加压重，预压重量相当于灌注混凝土的重量。

万能杆件的类别、规格及容许应力，可参阅有关资料。

(4)装配式公路钢桥桁节拼装支架

用装配式公路钢桥桁节，可拼装成桁架梁和塔架。为加大桁架梁孔径和利用墩台作支撑，也可拼成八字斜撑，以支撑桁架梁。桁架梁与桁架梁之间，应用抗风拉杆和木斜撑等进行横向联结，以保证桁架梁的稳定。

用装配式公路钢桥桁节拼装的支架，在荷载作用下的变形很大，因此，应进行预压。

(5)轻型钢支架

桥下地面较平坦、有一定承载力的梁桥，为节省木料，宜采用轻型钢支架。轻型钢支架的梁和柱，以工字钢、槽钢或钢管为主要材料，斜撑、联结系等可采用角钢。构件应制成统一规格和标准；排架应预先拼装成片或组，并以混凝土、钢筋混凝土枕木或木板作为支撑基底。为了防止冲刷，支撑基底须埋入地面以下适当的深度。为适应桥下高度，排架下应垫以一定厚度的枕木或木楔等便于支架和模板的拆卸，纵梁支点处应设置木楔。

(6)墩台自承式支架

在墩台上留下承台式预埋件，上面安装横梁及架设适宜长度的工字钢或槽钢，即构成模板的支架。这种支架适用于跨径不大的梁桥，但支立时仍须考虑梁的预拱度、支架梁的伸缩以及支架和模板的卸落等所需条件。

(7)模板车式支架

这种支架适用于跨径不大、桥墩为立柱式的多跨梁桥的施工。在墩柱施工完毕后即可立即铺设轨道，拖进孔间，进行模板的安装。这种方法可简化安装工序和节省安装时间。

当上部构造混凝土浇筑完毕，强度达到要求后，模板车即可整体向前移动，但移动时须将斜撑取下，将插入式钢梁节段推入中间钢梁节段内，并将千斤顶放松。

2. 模板构造

跨径不大的肋板梁，一般用木料制成。安装时，首先在支架纵梁上安装横木(分布杆件)，横木上钉底板；然后，在其上安装肋梁的侧面模板及桥面板的底板。肋梁的侧面模板系钉于肋木之上。桥面板底板的横木则由钉于上述肋木上的托板承托。肋木后面须钉以压板，以支撑肋梁混凝土的水平压力。为减少现场的安装工作，肋梁的侧面模板及桥面板的底板(包括横木)，可预先分别制成镶板块件。

当上部构造的肋梁较高时，其模板一般须采用框架式；梁的侧模及桥面板的底模，用木板或镶板钉于框架之上即可。但当梁的高度超过一定范围(1.5m 左右)时，梁下部混凝土的浇筑和捣实宜从侧面进行，此时，梁的一侧的模板须开窗口或分两次装钉。

3. 模板和支架的制作与安装

(1)模板及支架在制作和安装时的注意事项

①构件的连接应尽量紧密，以减少支架变形，使沉降量符合预计数值。

②为保证支架稳定，应防止支架与脚手架和便桥等接触。

③模板的接缝必须密合；如有缝隙，须堵塞严密，以防跑浆。

④建筑物外立面的模板应涂石灰乳浆、肥皂水或无色润滑油等润滑剂。

⑤为减少施工现场的安装拆卸工作和便于周转使用，支架和模板应尽量制成装配式组件或块件。

⑥钢制支架宜制成装配式常备构件，制作时应特别注意构件外形尺寸的准确性，一般应使用样板放样制作。

⑦模板应用内撑支撑，用对拉螺栓销紧。内撑有钢管内撑、钢筋内撑、硬塑料胶管内撑等。

(2)制作及安装质量要求

支架和模板制作应符合设计图纸的要求，面板可以用 4～6cm 的冷轧钢板或厚 18cm 以上的木胶合板。为增加周转次数，胶合板的面上要有高分子材料覆膜。胶合板面板不得使用脱胶空鼓、边角不齐、板面覆膜不全的板材。

(3)支架和模板的安装

①安装前按图纸要求检查支架的自制模板的尺寸与形状，合格后才准进入施工现场。

②安装后不便涂刷脱模剂的内侧木板应在安装前涂刷脱模剂，顶板模板安装后、布扎钢筋前涂刷脱模剂。

③支架结构应满足立模标高的调整要求。按设计标高和施工预拱度立模。

④承重部位的支架和模板，必要时应在立模后预压，消除非弹性变形和基础沉降。预压重力相当于之后浇筑混凝土的重力。当结构分层浇筑混凝土时，预压重力可取浇筑混凝土重量的 80%。

⑤相互连接的模板，木板面要对齐，连接螺栓不要一次锁紧，整体检查模板线形。发现偏差，及时调整后再锁紧连接螺栓，固定好支撑杆件。

⑥模板连接缝间隙大于 2cm 应用灰膏类填缝或贴胶带密封。预应力管道锚具处空隙大时用海绵泡沫填塞，防止漏浆。

⑦主要起重机械必须配备经过专门训练的专业人员操作，指挥人员、司机、挂钩人员要统一信号。

⑧遇 6 级以上大风时，应停止施工作业。

4. 施工预拱度

(1)确定预拱度时应考虑的因素

在支架上浇筑梁式上部构造时，在施工时和卸架后，上部构造要发生一定的下沉和产生一定的挠度。因此，为使上部构造在卸架后能满意地获得设计规定的外形，须在施工时设置一定数值的预拱度。在确定预拱度时，应考虑下列因素：

①卸架后上部构造本身及一半活载所产生的竖向挠度 δ_1；

②支架在荷载作用下的弹性压缩 δ_2；

③支架在荷载作用下的非弹性变形 δ_3；

④支架基底在荷载作用下的非弹性沉陷 δ_4；

⑤由混凝土收缩及温度变化而引起的挠度 δ_5。

(2)预拱度的计算

上部构造和支架的各项变形值之和，即为应设置的预拱度。各项变形值可按下列方法计算和确定。

①桥跨结构应设置预拱度，其值等于恒载和一半静活载产生的竖向挠度 δ_1。当恒载和静活载产生的挠度不超过跨径的 1/1600 时，可不设预拱度。

②满布式支架，当其杆件长度为 L(m)、弹性模量为 E(N/m^2)时，其弹性变形为：

$$\delta_2=\frac{\delta \cdot L}{E}$$

当支架为桁架等形式时，应按具体情况计算其弹性变形。

③支架在每一个接缝处的非弹性变形，在一般情况下，横纹木料为

3mm；顺纹木料接缝为 2mm；木料与金属或木料与圬工的接缝为 1～2mm；顺纹与横纹木料接缝为 2.5mm。

卸落设备砂筒内砂粒压缩和金属筒变形的非弹性压缩量，根据压力大小、砂子细度模量及简径、筒高确定。一般 20t 压力砂筒为 4mm；40t 压力砂筒为 6mm；砂子未预先压紧者为 10mm。

(3)预拱度的设置

根据梁的挠度和支架的变形所计算出来的预拱度之和，为预拱度的最高值，应设置在梁的跨径中点。其他各点的预拱度，应以中间点为最高值，以梁的两端为零，按直线或二次抛物线比例进行分配。

(三)钢筋骨架的安装

1. 骨架制作

在支架上浇筑钢筋混凝土梁时，为减少在支架上的钢筋安装工作，梁内的钢筋宜预先在工厂或桥梁工地制成平面或立体骨架；当梁的跨径较大时，可预先分段制成骨架；当不能预先制成骨架时，则钢筋的接长应尽可能预先进行。制作钢筋骨架时须焊扎坚固，以防在运输和吊装过程中变形。

多层钢筋焊接时，可采用侧面焊缝，使之形成平面骨架，焊接缝设在弯起钢筋的弯起点处。如斜筋弯起点之间的距离较大，应在中间部分适当增加短段焊缝，以便有效地固定各层主钢筋。

2. 钢筋接头

(1)直径不大于 25cm 的螺纹钢筋或光圆钢筋，均可采用绑扎搭接；受压钢筋搭接长度，应取受拉钢筋搭接长度的 70%。

(2)钢筋接头应设置在内力较小处，并错开布置。绑扎搭接的接头数量，在同一截面内，对受拉钢筋不宜超过受力钢筋的 1/4；对受压钢筋不宜超过受力钢筋的 1/2。接头相互间的距离，如不超过钢筋直径的 30 倍，均视为在同一截面内。

(3)采用搭叠式电弧焊接时，钢筋端部应预先折向一侧，使两接合钢筋在搭接范围内轴线一致，以减少偏心。搭接时双面焊缝的长度不小于 5d(d 为钢筋直径)，单面焊缝的长度不小于 10d。

(4)采用夹焊式焊接时,夹杆总面积不小于被焊钢筋的面积。夹杆长度,如用双面焊缝,应不小于5d,如用单面焊缝,应不小于10d。

3.钢筋骨架的拼装

用焊接的方法拼接骨架时,应用样板严格控制骨架位置。骨架的施焊顺序,宜由骨架的中间到两边,对称地向两端进行,并应先焊下部后焊上部,每条焊缝应一次成形,相邻的焊缝应分区对称地跳焊,不可顺方向连续施焊。

为保证混凝土保护层的厚度,应在钢筋骨架与模板之间错开放置适当数量的水泥砂浆垫块、混凝土垫块,骨架侧面的垫块应绑扎牢固。

4.钢筋骨架的运输和吊装

运输预制钢筋骨架时,骨架可放在平车上或在骨架下面垫以滚轴,用绞车拖拉。运输道路可根据现场条件,或设在桥上或设在桥侧面;孔数较多时,以设在桥侧面为宜。由桥侧面运进和吊装时,侧面模板应在骨架入模后再安装。用起重机吊装骨架时,为防骨架弯曲变形,宜加设扁担梁。

5.钢筋骨架质量要求

钢筋骨架除应按规定对加工质量、焊接质量及各项机械性能进行检验外,还应检查其焊扎和安装的正确性。

(四)混凝土工程

原材料在进场前,应先自检,做好混凝土配合比设计,并经监理部门验证批准后才能进场,具体内容如下。

1.原材料的检查

(1)水泥的检查与保管

①水泥进场前应抽取样品进行检验,并报请监理部门检验,经其同意后才能进场,进场的水泥应按其品种、强度等级、证明文件(质保书)以及出厂时间等情况分批进行检查,验收。

②入库的水泥应按品种、强度等级、出厂日期分别堆放,并竖立标志。做到先到先用,并防止混掺使用。

③为了防止水泥受潮,现场仓库尽量密封。包装水泥存放时,应垫离地面30cm,四周离墙在30cm以上。临时露天暂存水泥时,应用防雨篷

布盖严，底板须垫高。

④水泥储存时间不宜过长，以免结块降低强度。常用水泥在出厂超过3个月视为过期水泥，使用时必须重新检验确定强度等级。因为水泥在正常环境存放超过3个月，强度会降低10%～20%；存放6个月，强度会降低15%～30%。

⑤受潮、结块水泥一般不得用在结构工程中。

(2)细集料

①细集料的选择。选择细集料时，应优先选择级配良好、质地坚硬、颗料洁净的河砂。当没有河砂时，也可用山砂或机制砂。无论哪一种砂，均应分别检验。各项指标均满足《公路桥涵施工技术规范》(JTG/T 3650—2020)方可使用。

②试验。对细骨料进场使用前，根据规范应完成：筛分、含泥量、有机质以及压碎值试验，必要时还要进行坚固性试验。试验应按《公路工程集料试验规程》(JTG 3432—2024)的规定进行。

(3)粗集料

粗细集料对混凝土质量有较大的影响，使用干净、坚硬、具有耐久性的集料很重要。桥梁施工粗集料的颗料级配，最好是连续级配，可以采用连续级配与单粒级配配合使用。只有在特殊情况下，确保混凝土不出现离析时，才可用单粒级配。

同细集料一样，选用的粗集料必须满足《公路桥涵施工技术规范》(JTG/T 3650—2020)中的各项指标要求，并且现场取样进行筛分、杂质含量、强度、针片状含量等试验，只有当试验结果满足规范要求时才能使用。

无论是粗集料还是细集料，在进场前必须抽验，填写进场材料检验申请单，经检验合格后，方可进场使用。

此外，组成混凝土的材料还有水及外加剂。人畜可用的洁净水可用来拌制混凝土。主要的外加剂类型有普通和高效减水剂、早强减水剂、缓凝减水剂、引气减水剂、抗冻剂、膨胀剂、阻锈剂和防水剂等。混合材料包括粉煤灰、火山灰质材料、粒化高炉矿渣等。混合材料的技术条件可以参考

《公路桥涵施工技术规范》(JTG/T 3650—2020)。但应注意在预应力钢筋混凝土结构中不得使用加气剂、加气型减水剂,不得掺加氯化钠、氯化钙等氯盐,各组成材料中引入的氯离子一般不超过水泥用量的0.06%。

2.混凝土配合比

由于大部分桥梁施工远离城市,特别是中、小桥以及涵洞工程混凝土用量不大,基本上都是采用现场拌制混凝土,除非城市桥梁施工才采用商品混凝土(预拌混凝土)。因此,工程技术人员要设计并控制好现场混凝土配合比,确保混凝土质量。

配合比的设计是依据设计图纸中混凝土强度等级进行的,详细内容可参考人民交通出版社于2020年出版的图书《道路建筑材料》。选择配合比的原则:在具有符合作业要求的和易性范围内,应尽量减少单位用水量,并根据试验确定配合比。

由于计量、搅拌、养护、浇筑以及骨料的含水量等方面原因,施工现场拌制混凝土时与试验室存在着一定的差异,因此,试配强度应大于设计标准强度。

另外,在做配合比试验时,所有材料都应当与施工用料相同,否则试配将是无效的。为了节约水泥与改善和易性,缩短或延长凝结时间,提高耐冻性,应积极使用外加剂。

3.混凝土拌制

混凝土拌制通常以机械为主,人工为辅,主要的基本工程工作量一般为机械拌制,工程中少量的塑性混凝土一般采用人工拌制。

(1)机械拌制。靠搅拌机完成,常用的机械有自落式搅拌机和强制式搅拌机两种。自落式搅拌机用于拌和塑性混凝土,强制式搅拌机用于拌和半干硬性混凝土。搅拌机使用前应清扫干净,否则搅拌机内部有灰浆黏着硬化,会缩短机器的正常使用寿命,影响拌和料的质量。当搅拌机长久未用时,使用时应先放入一部分砂、石搅拌一会儿,然后倒去,以除去搅拌机内的锈等杂质。给搅拌机喂料误差控制如下:水泥、外加剂干料±2%,粗细骨料±3%,水、外加剂溶液±2%。喂料顺序应根据机器类型、骨料种类等具体情况确定。对于强制式拌和机:先加砂,再加水泥,最后加石料，上料后提起料斗，把全部原料倒入搅拌机内拌和，同时打开进水阀，直到搅拌机拌和至各材料混合均匀、颜色一致再出料。混凝土最短搅拌时间可参考有关规范。

对于大桥或特大桥以及混凝土数量较多时，应设置混凝土拌和站，各种混凝土采用集中拌制，电子计量，利于混凝土的质量控制。

(2)人工拌制。速度慢，劳动强度大，仅用于少量的辅助或修补工程。

4. 混凝土的运输

混凝土应以最少的转运次数、最短的距离，迅速地从拌制地点运往浇筑地点，避免发生离析、泌水和灰浆流失现象，坍落度前后相差不得超过30%；否则，应进行二次拌制。混凝土运输时间不宜超过时间限制允许值。

(1)在桥面上运输。对于跨径不大的桥梁，可在上部结构模板上运输混凝土。用手推车或小型机动斗车运输时，须在模板上铺跳板和马凳，并随着浇筑工作的推进逐一撤除；用轻轨斗车运输时，模板上须放置混凝土短柱或铁支架，上搁纵梁、横木、面板，再铺铁轨。混凝土短柱和铁支架可留在混凝土体内。

(2)索道吊机和运输。索道吊机一般沿顺桥方向跨越全部桥跨设置，可设一条或两条索道，在桥的横向可用牵引的方法或搭设平台泵送混凝土。此法适用于河谷较深或水流湍急的桥梁。

(3)在河滩上运输。当桥下为较平坦的河滩时，可用汽车或轻轨斗车进行水平运输，用吊机进行垂直和横向运输。进行水平运输（顺桥向）和垂直运输（上、下方向）时，宜用同一活底吊斗装载混凝土并将其送入模板，避免倒料。不得已需要先将料放在平台上，然后进行分送时，应经过重新拌和后再分送与浇筑。

(4)水上运输。在较大、可通航的河流上，可在浮船上设置水上混凝土工厂和吊机，以供应混凝土并将其运送到浇筑部位。须另用小船运送混凝土时，应尽可能使用同一装载混凝土的工具。

5. 混凝土的浇筑

浇筑前应对模板、钢筋以及预埋件的位置进行检查。

(1)混凝土的浇筑速度

为了保证浇筑混凝土的整体性,防止在浇筑上层混凝土时破坏下层混凝土,浇筑层次的增加须有一定的速度,须使次一层的浇筑能在先浇筑的一层混凝土初凝以前完成。

(2)混凝土的浇筑顺序

在考虑主梁混凝土的浇筑顺序时,不能使模板和支架产生有害的下沉;为了使混凝土振捣密实,应采用相应的分层浇筑;当在斜面或曲面上浇筑混凝土时,一般应从低处开始。

①简支梁混凝土的浇筑。

a.水平分层浇筑。对于跨径不大的简支梁桥,可在钢筋全部扎好以后,将梁和桥面板沿一跨全长内水平分层浇筑,在跨中合龙。分层的厚度视振捣器的能力而定,一般为0.15~0.3m;当采用人工捣实时,可采用0.15~0.2m。为避免支架不均匀沉降的影响,浇筑工作应尽量快速进行,以便在混凝土失去塑性以前完成。

b.斜层浇筑。跨径不大的简支梁桥混凝土的浇筑,还可用斜层法从主梁两端对称向跨中进行,并在跨中合龙。T形梁和箱形梁采用斜层浇筑的顺序。当采用梁式支架、支点不设在跨中时,应在支架下沉量大的位置先浇混凝土,使应该发生的支架变形及早完成。采用斜层浇筑时,混凝土的倾斜角与混凝土的稠度有关,一般为20°~25°。

较大跨径的简支梁桥,可用水平分层或斜层法先浇筑纵横梁。待纵横梁浇筑完毕后,再沿桥的全宽浇筑桥面板混凝土。在桥面板与纵横梁间,应按设置工作缝处理。

c.单元浇筑法。当桥面较宽且混凝土数量较大时,可分成若干纵向单元分别浇筑。每个单元的纵横梁可沿其长度方向水平分层浇筑或用斜层法浇筑,在纵梁间的横梁上设置工作缝,并在纵横梁浇筑完成后填缝连接。之后,桥面板可沿桥全宽全面积一次浇筑完成,不设工作缝。桥面板与纵横梁间设置水平工作缝。

②空心板梁混凝土的浇筑。

小跨径的连续梁(板)桥,一般采用从一端向另一端分层、分段的浇筑程序。

6.混凝土的振捣

混凝土的振捣分人工振捣(用铁钎)和机械振捣两种。人工振捣一般用于坍落度大、混凝土数量少或钢筋过密部位的振捣。大规模的混凝土浇筑,必须用机械振捣。

机械振捣设备有插入式、附着式、平板式振捣器和振动台等。平板式振捣器用于大面积混凝土施工,如桥面、基础等;附着式振捣器可设在侧模板上,但附着式振捣器是借助振动模板来振捣混凝土,故对模板要求较高,而振捣效果不是太好,常用于薄壁混凝土部分振捣,如梁肋上和空心板两侧部分;插入式振捣器常用的是软管式的,当构件断面有足够的地方插入振捣器,而钢筋又不太密时,采用插入振捣器的振捣效果比平板式和附着式都要好。振捣时应注意以下几点。

(1)严禁利用钢筋振动进行振捣。

(2)每次振捣的时间要严格掌握。插入式振捣器一般只要15～30s,平板式振捣器要25～40s。

7.混凝土养护及模板拆除

(1)混凝土的养护

混凝土浇筑完成后,应及时进行养护。在养护期间,应使其保持湿润,防止雨淋、日晒、受冻及受荷载的振动、冲击,以促使混凝土硬化,并在获得强度的同时,防止混凝土干缩引起裂缝。为此,对于混凝土外露面,在表面收浆、凝固后即用草帘等物覆盖,并应经常在覆盖物上洒水,洒水养护时间不少于《公路桥涵施工技术规范》(JTG/T 3650—2020)规定的时间。当日平均气温低于5℃或日最低气温低于3℃时,应按冬期施工要求进行养护。

(2)拆除模板和落架

当混凝土强度达到设计强度的25%以后,可拆除侧面模板;达到设计强度的50%后,可拆除跨径3cm以内的桥梁的模板;达到在桥跨结构净重作用下所必需的强度且不小于设计强度的70%以后,可拆除各种梁的模板。

梁体的落架程序应从梁挠度最大处的支架节点开始，逐步卸落相邻两侧的节点，并要求对称、均匀、有顺序地进行；同时，要求各节点应分多次进行卸落，以使梁的沉落曲线逐步加大到梁的挠度曲线。通常简支梁桥和连续梁桥可从跨中向两端进行，悬臂梁桥则应先卸落挂梁及悬臂部分，然后卸落锚跨部分。

二、装配式简支梁的运输、安装和连接

（一）装配式简支梁的运输

1. 对构件混凝土强度的要求

装配式预制构件在移运、堆放时，混凝土的强度应不低于设计对吊装所要求的强度，并且不宜低于设计强度标准值的75%。对于预应力混凝土构件，其孔道水泥浆的强度应不低于设计要求。如无设计规定，应不低于30MPa。

2. 构件移运前的准备工作

(1)构件拆模后应检查外形实际尺寸伸出钢筋、吊环和各种预埋件的位置及构件混凝土的质量。如构件尺寸误差超过允许限度，伸出钢筋、吊环的预埋件位置误差超过规定，或混凝土有裂缝、蜂窝、露筋、毛刺、鼓面、掉角、榫槽等缺陷，应修补、处理，务必使构件形状正确、表面平整，确保安装时不致产生困难。

(2)尖角、凸出或细长构件在移运、堆放时，应用木板或相应的支架保护。

(3)安装时须测量高程的构件，在移运前应定好标尺。

(4)分段预制的组拼构件应注上号码。

3. 吊移工具的选择

构件预制场内的吊移工具设备可视构件尺寸、质量和设备条件，采用A型小车、平板车、扒杆、龙门架、拖履（走板）、滚杠、聚四氟乙烯滑板、汽车吊、履带吊等工具设备，其构造、计算方法、竖立方法及使用注意事项，可参阅相关规定。

4. 吊运时的注意事项

(1)构件移运时的起吊点位置，应按设计的规定布置。如设计无规

定，对上、下面有相同配筋的等截面直杆构件的吊点位置，一点吊可设在离端头0.293L处，两点吊可设在离端头0.207L处（L为构件长度）。其他配筋形式的构件，应根据计算决定。

(2)构件的吊环应顺直，如发现弯扭必须校正，使吊钩能顺利套入。吊绳交角大于60°时，必须设置吊架或扁担，使吊环垂直受力，以防吊环折断或破坏吊环周边混凝土。如用钢丝绳捆绑起吊，应用木板、麻袋等垫衬，以保护混凝土的棱角和钢丝绳。

(3)板、梁、柱构件移运和堆放时的支撑位置，应与吊点位置一致，并应支撑牢固。

起吊及堆放板式构件时，注意不得将上、下面吊错，以免折断。

用千斤顶顶起构件时，必须用木垛保险。构件运输时应有特制的固定支架，构件应按受力方向竖立或稍倾斜放置，注意防止倾覆。如平放，两端吊点位置必须设置垫方木，以免产生正、负弯矩，超过设计要求而断裂。

(4)使用平板拖车或超长拖车运输大型构件时，车长应能满足支撑点间距要求。构件装车时须平衡放正，使车辆承重对称、均匀。构件支点下即相邻两构件间，须垫上麻袋或草帘，以免损坏车辆和构件相互碰撞。为适应车辆在途中转弯，支点处须设活动转盘，以免扭伤混凝土。

构件装上平板拖车的垫木上后，与构件中部设一立柱，用钢丝绳穿过两端吊环，中间搁在立柱上，并以花篮螺丝将钢丝绳收紧，这样构件在运输途中不会产生负弯矩。为防止构件倾倒或滑移，还应另外采取固定措施。

5.成垛堆放装配式构件时的注意事项

(1)堆放构件的场地应平整、压实，不能积水。

(2)构件应按吊运及安装次序顺序堆放，并注意在相邻两构件之间留出适应通道。

(3)堆放构件时，应按构件刚度及受力情况平放或竖放，并保持稳定。小型构件堆放，应以其刚度较大的方向作为竖直方向。

(4)构件堆垛时应设置在垫木上，吊环应向上，标志应向外。构件混凝土养护期未满的，应继续洒水养护。

(5)水平分层堆放构件时，其堆垛高度按构件强度、地基承载力、垫木强度以及堆垛的稳定性而定。一般大型构件以2层为宜，不宜超过3层；板、桩和盖梁，不宜多于6层。

(6)堆放构件须在吊点处设垫木，层与层之间应以垫木隔开，多层垫木位置应在一条垂直线上。

(7)雨季和春季冻融期间，必须注意防止地面软化下沉造成构件折裂损坏。

6. 移运工具设备

常用移运工具设备如下。

(1)A型小车

A型小车可用木料或钢材制作，起重运输能力为2～10kN。A型小车适用于小型构件的场内运输。使用方法是将车架前端抵住构件，抬高车柄使A字架向前倾斜，吊钩钩住构件，压下车辆，使构件离开地面并靠在A字架上，即可用人力推动小车行走。空车运输时，则可将车轮移至后面的轴座上。

(2)轨道平板车

轨道平板车应设有转盘装置，以便装上构件后能在曲线上安全运行。同时，还应设置制动装置，以便在发生意外时能制动刹车，保证安全。

轨道平板车的临时铁路线的轨距有1435mm、1000mm、750mm和600mm多种，钢轨质量也不等，均视承载质量大小和设备条件而定。场内铁路线，宜尽量设平坡；需设纵坡时，宜控制在2%以内。

运输构件时以两辆平车装载构件，平车应设在构件前后吊点的下面。牵引钢丝绳挂在前面平车上，前、后平车间应用钢丝绳连接。或从整个构件的下部缠绕一周后，再引向导向滑车至绞车，这样即使构件与平车之间稍有滑动，也不致倾覆。

(3)扒杆

扒杆在场内主要作为出坑用，即把构件从预制的底座上吊移出来。各种扒杆的构造、计算和使用时需注意的地方，可参阅相关资料。

(4)龙门架(龙门吊机)

用龙门架起吊移运构件出坑,横移至预制构件运输轨道,再卸落在运输平车或汽车上,较其他设备使用方便。龙门架的构造形式有固定式和活动式两种。用于起吊预制构件出坑的龙门架,都采用活动式。这种吊机由底座、腿架和横梁、跑车组成,运行在专用轨道上,操作时分构件上、下升降,跑车横向运行,以及龙门架整体纵向运行三个方向运动,其动力可用人力或电力。

龙门架运行及构件起吊,则根据吊荷载大小选用不同起重能力的卷扬机。各种结构的龙门架的构造,可参阅相关资料。

(5)拖履(走板)、滚杠、聚四氟乙烯滑板

聚四氟乙烯俗称塑料王,是一种热塑料,成型品色泽洁白,半透明,有蜡状感觉。能耐高温和低温,可在-180~250℃范围内长期使用,有较强的化学稳定性,除熔融金属钠和液氟外,能耐其他一切化学药品,即使在高温下也不与强酸、浓碱和强氧化剂发生反应,也不为水浸湿和泡胀。制成模压板作为滑板(简称四氟板)时,其摩擦系数很低,起动阶段为0.04,它与铸铁及钢的干摩擦和静摩擦系数也很低,而且在摩擦过程中,静摩擦和动摩擦系数很接近。它的抗压强度也很高,为12.5~24.5MPa,表面布氏硬度为3.41~3.82。

由于聚四氟乙烯具有以上的特性,国内外将其用作桥梁活动支座,用于顶推法架桥或墩台上横移大梁。在构件预制场内,也可用四氟板代替走板和滚杠,作为移动构件的滑板。

(6)汽车、轮胎式吊机和履带式吊机

这些吊机统称运行式回转吊机。其中,汽车式吊机是把起重机构装在载重汽车底盘上,由汽车发动机供给动力,起重操纵室和行驶驾驶室是分开的,底盘两侧设有支腿,以扩大支撑点,增加稳定性。它的优点是机动性高,行驶速度快,可与汽车编队行驶,转移灵活、方便。作业时应放下支腿,一般不宜负荷行驶。它的缺点是要求较高的路面及支撑点。轮胎式吊机与汽车式吊机的区别在于:前者是装在特别的轮胎盘上的回转台上,不论起重量大小,一般全机只有一台发动机,起重和行驶在一个驾驶

室内操纵，行驶速度较低，一般不超过30km/h，没有外伸支腿，可吊较小的荷重行驶，也要求较高路面。履带式吊机由回转台和行驶履带两部分组成。在回转台上装有起重臂、动力装置、绞车和操纵室，在其尾部装有平衡重。回转台能绕中心轴线转动360°，履带架既是行驶机构，也是起重机的支座。它的优点是起重量大，可在崎岖不平及松软、泥泞的施工场地行驶，稳定性较好；缺点是行驶速度慢，一般不超过20km/h，自重大，对路面有破坏作用。

(二)装配式梁桥的安装

预制梁(板)的安装是预制装配式混凝土梁桥施工中的关键性工序，应结合施工现场条件、工程规模、桥梁跨径、工期条件、架设安装的机械设备条件等具体情况，以安全可靠、经济简单和加快施工速度等为原则，合理选择架梁的方法。

对于简支梁(板)的安装设计，一般包括起吊、纵移、横移、落梁(板)就位等工序；从架设的工艺来分，有陆地架梁、浮吊架梁和利用安装导梁、塔架、缆索的高空架梁法等方法。

必须注意的是，预制梁(板)的安装既是高空作业，又须用复杂的机具设备，施工中必须确保施工人员的安全，杜绝工程事故。因此，无论采用何种施工方法，施工前均应详细、具体地研究安装方案，对各承力部分的设备和杆件进行受力分析和计算，采取周密的安全措施，严格执行操作规程，加强施工管理和安全教育，确保安全、迅速地进行架梁工作。同时，安装前应将支座安装就位。

1.陆地架梁法

(1)移动式支架架梁法

此法是在架设孔的地面上，顺桥轴线方向铺设轨道，其上设置可移动支架，预制梁的前端搭在支架上，通过移动支架将梁移运到要求的位置后，再用龙门架或人字扒杆吊装；或者在桥墩上设枕木垛，用千斤顶卸下，再将梁横移就位。

利用移动支架架设，设备较简单，但可安装重型的预制梁；无动力设备时，可使用手摇卷扬机或绞盘移动支架进行架设。但不宜在桥孔下有水、地基过于松软的情况下使用，一般也不适宜桥墩过高的场合，因为这时为保证架设安全，支架必须高大，因而此种架设方法不够经济。

(2)摆动式支架架梁法

本法是将预制梁(板)沿路基牵引到桥台上并稍悬出一段，悬出距离根据梁的截面尺寸和配筋确定。从桥孔中心河床上悬出的梁(板)端底下设置人字扒杆或木支架。前方用牵引绞车牵引梁(板)端，此时支架随之摆动而到对岸。

为防止摆动过快，应在梁(板)的后端用制动绞车牵引制动。用摆动式支架架梁法较适宜于桥梁高跨比稍大的场合。当河中有水时，也可用此法架梁，但须在水中设一个简单小墩，以供立置木支架。

(3)自行式吊机架梁法

由于大型的自行式吊机的逐渐普及，且自行式吊机本身有动力、架设迅速、可缩短工期，不需要架设桥梁用的临时动力设备，不必进行任何架设设备的准备工作，也不需要如其他方法架梁时所具备的技术工种，一般中小跨径的预制梁(板)的架设安装越来越多地采用自行式吊机。自行式吊机架梁可以采用一台吊机架设、两台吊机架设、吊机和绞车配合架设等方法。

当预制梁重量不大，而吊机又有相当的起重能力，河床坚实无水或少水，允许吊机行驶、停搁时，可用一台吊机架设安装。这时，应注意钢丝绳与梁面的夹角不能太小，一般以 45°～60°为宜；否则，应使用起重梁(扁担梁)。

对跨径不大的预制梁，吊机起重臂跨径 10m 以上且起重能力超过梁重的 1.5 倍时，吊机可搁放在桥台后路基上架设安装，或先搁放在一孔已安装好的桥面上，架设安装下一孔的梁(板)。

用两台吊机架梁法是用两台自行式吊机各吊住梁(板)的一端，将梁(板)吊起并架设安装。此法应注意两吊机的互相配合。

吊机和绞车配合架梁。预梁一端用拖履、滚筒支撑，另一端用吊机吊起。前方用绞车或绞盘牵引预制梁前进。梁前进时，吊机起重臂随之转动。梁前端就位后，吊机行驶到后端。提起梁后端，取出拖履滚筒，再将梁放下就位。

(4)跨墩或墩侧龙门架架梁法

本法是以胶轮平板拖车、轨道平车或跨墩龙门架将预制梁运送到桥孔;然后,用跨墩龙门架或墩侧高低脚龙门架将梁吊起,再横移到梁设计位置,然后落梁就位,完成架梁工作。

搁置龙门架脚的轨道基础,要按承受最大反力时能保持安全的原则进行加固处理。河滩上如有浅水,可在水中填筑临时路堤;水稍深时可考虑修建临时便桥,在便桥上铺设轨道,并应与其他架设方法进行技术经济比较,以决定取舍。

用本法架梁的优点是架设安装速度较快,河滩无水时也较经济,而且架设时不需要特别复杂的技术工艺,作业人员较少。但龙门吊机的设备费用一般较高,尤其在高桥墩的情况下。

跨墩龙门架的架梁程序:预制梁可由轨道平车运送至桥孔,如两台龙门架吊机自行且能达到同步运行,也可利用跨墩龙门架,将梁吊着运送到桥孔,再吊起横移落梁就位。

墩侧高低脚龙门架其架设程序与跨墩龙门架基本相同。但预制梁必须用轨道平车或胶轮平车拖板运送至桥孔。一孔各片梁安装完毕后,将1号墩的龙门架拆除运送到3号墩安装使用,以后如此循环使用。为了加快预制梁吊起横移就位速度,可准备三台高低脚龙门架,设置在1号、2号、3号墩侧。待第一跨各梁安装完毕,即可安装第二跨;与此同时,将1号墩龙门架运送到4号墩安装。这种高低脚龙门架较跨墩龙门架可减少一条轨道,一条腿的高度也可降低,但增加运、拆、装龙门架的工作量,并需要多准备一副龙门架。

2.浮运架梁法

浮运架梁法是将预制梁用各种方法移装到浮船上,并浮运到架设孔以后就位安装。采用浮运架梁法时,河流须有适当的水深,水深应根据梁重而定,一般宜大于2m;水位应平稳或涨落有规律,如潮汐河流;流速及风力不大;河岸能修建适宜的预制梁装卸码头;具有坚固适用的船只。浮运架梁法的优点是桥跨中无须设临时支架,可以用一套浮运设备架设安装多跨同跨径的预制梁，较为经济，且架梁时浮运设备停留在桥孔的时间很少，不影响河流通航。浮运架梁法采用以下两种方法。

(1)移动式支架架梁法

此法是将预制梁装船浮运至架设孔再起吊安装就位。装梁上船一般采用引道栈桥码头，用龙门架吊着预制梁上船。若装载预制梁的船本身无起吊设施，可用另外的浮吊吊装就位，或用装设在墩顶的起吊设施吊装就位。

将预制梁装载在一艘或两艘浮船中的支架枕木垛上，使梁底高度高于墩台支座顶面 0.2～0.3m，然后，将浮船拖运至架设孔，充水入浮船。浮船吃水加深，降低梁底高度，使预制梁安装就位。在有潮汐的河流或港湾上建桥时，可利用潮汐水位的涨落来调整梁底标高，以安装就位。若潮汐的水位高差不够，可在浮船中配合排水、充水解决。因此，浮船应配备足够的水泵，以保证及时、有效地排水和充水，并且在装梁时，应进行水泵的性能试验。

预制梁较短、重量较轻时，可装载在一艘浮船上。如预制梁较长且又重，可装载在两艘浮船上或以多艘浮船连成两组使用。不论浮船多少，预制梁的支撑处不宜多于两处，并由荷载分布确定。预制梁支撑处两端伸出长度，应考虑浮船进入架设孔是否便利；同时，应考虑因两端伸出在支撑外产生的负弯矩，在浇筑梁体时适当加固，防止由负弯矩而产生的裂纹、损坏。

(2)浮船支架拖拉架梁法

此法是将预制梁的一端纵向拖拉滚移到岸边的浮船支架上，再用移动式支架架梁法沿桥轴线拖拉浮船至对岸，预制梁也相应拖拉至对岸。当梁前端抵达安装位置后，用龙门架或人字扒杆安装就位。

预制梁装船的方法，应根据梁的长度、重量、河岸的情况，选用不同的方法。对于河边有垂直驳岸、预制梁不太长又不太重时，可采用大起重量、大伸幅的轮胎式或履带式吊机将梁从岸上吊装到浮船上，或用大起重量、大伸幅的浮吊将梁从岸上吊装到浮船上。必须建栈桥码头时，可用栈桥码头将预制梁纵向拖拉上船；也可用栈桥码头横移预制梁上船，但此时必须与河岸垂直修建两座栈桥，其间距等于预制梁的长度。

用栈桥码头纵向拖拉将梁装船，栈桥码头必须与河岸垂直。栈桥上铺设轨道，轨道一端接梁预制场轨道，另一端接浮船支架上轨道。栈桥码头宜设在桥位下游，因为向上游牵引浮船比向下游要稳当些。栈桥的高度、长度，应根据河岸与水位的高差、水下河床深度、浮船最大吃水深度、浮船支架高度等因素确定。

在预制梁被拖拉上第一艘浮船的过程中，随着梁移出栈桥端排架的长度增加，浮船所支撑的梁重也逐渐增加。为了维持梁处于水平位置，就必须在与梁向前拖拉的同时，不断地将浮船中先充入的压舱水相应排出，以逐渐增加浮船的浮力，使浮船在载重逐渐增加时，浮船的吃水深度保持不变。因此，水泵的能力和排水速度，应根据梁的重量和拖移的速度来决定。浮船可用缆索和绞车拉动，或拖船牵引至架设孔。

用栈桥码头横移梁上船。预制梁经过栈桥横向移运到两个龙门吊机之间后，就可用卷扬机将梁提升起来；然后，将两艘浮船连系的浮船支架拖入，再将梁落放在浮船支架上。浮船中线宜与预制梁中线相垂直。

当栈桥排架较高，浮船支架高度稍低于栈桥上梁底高度时，可不必用卷扬机或龙门架提升预制梁，而采用先将浮船充水，增加吃水深度。待浮船拖到梁下的预定位置后，再用水泵将浮船中压舱水排出，使浮船升高，将梁托起在支架上。但完全靠充水、排水来升降浮船支架高度比较费时，可与千斤顶联合使用。但在浮船支架拖运途中，必须撤除千斤顶，以免梁发生翻倒现象。

3. 高空架梁法

(1)联合架桥机架梁(蝴蝶架架梁法)

此法适用于架设安装 30m 以下的多孔桥梁，其优点是完全不设桥下支架，不受水深流急影响，架设过程中不影响桥下通航、通车。预制梁的纵移、起吊、横移、就位都较方便。缺点是架设设备用钢量较多，但可周转使用。

联合架桥机由两套门式吊机、一个托架(即蝴蝶架)、一根两跨长的钢导梁三部分组成。钢导梁由贝雷装配，梁顶面铺设运梁平车和托架行走的轨道，由门式吊机和工字梁组成，并在上下翼缘处及接头的地方，用钢板加固。门式吊机顶横梁上设有吊梁用的行走小车。为了不影响架梁的净空位置，其立柱做成拐脚式(俗称拐脚龙门架)。门式吊机的横梁标高，由两根预制梁叠起的高度加平车及起吊设备高度确定。蝴蝶架是专门用来托运门式吊机转移的，它由角钢组成。整个蝴蝶架放在平车上，可沿导梁顶面轨道行走。

联合架桥机架梁顺序如下。

①在桥头拼装钢导梁，梁顶铺设钢轨，并用绞车纵向拖拉导梁就位。

②拼装蝴蝶架和门式吊机，用蝴蝶架将两个门式吊机移运至架梁孔的桥墩(台)上。

③由平车轨道运送预制梁至架梁孔位，将导梁两侧可以安装的预制梁用两个门式吊机起吊，横移并落梁就位。

④将导梁所占位置的预制梁临时安放在已架设好的梁上。

⑤用绞车纵向拖拉导梁至下一孔后，将临时安放的梁用门式吊机架设就位，完成一孔梁的架设工作，并用电焊将各梁连接起来。

⑥在已架设的梁上铺接钢轨，再用蝴蝶架顺序将两个门式吊机托起并运至前一孔的桥墩上。如此反复，直至将各孔梁全部架设好为止。

(2)双导梁穿行式架梁法

本法是在架设孔间设置两组导梁，导梁上安设配有悬吊预制梁设备的轨道平车和起重行车或移动式龙门吊机，将预制梁在双导梁内吊着运到规定位置后，再落梁、横移就位。横移时，一种方法是将两组导梁吊着预制梁整体横移；另一种方法是导梁设在桥面宽度以外，预制梁在龙门吊机上横移，导梁不横移，这比第一种横移方法安全。

双导梁穿行式架梁法的优点与联合架桥机法相同，适用于墩高、水深的情况下架设多孔中小跨径的装配式梁桥，但不需蝴蝶架，而配备双组导梁，故架设跨径可较大，吊装的预制梁可较重。

两组分离布置的导梁，可用公路装配式钢桥桁节、万能杆件设备或其他特制的钢桁节拼装而成。两组导梁内侧净距应大于待安装的预制梁宽度。导梁顶面铺设轨道，供起重行车吊梁行走。导梁设三个支点，前端可伸缩的支撑设在架桥孔前方墩桥上。

两根型钢组成的起重横梁，支撑在能沿导梁顶面轨道行走的平车上，横梁上设有带复式滑车的起重行车。行车上的挂链滑车，供吊装预制梁用。其架设顺序如下。

①在桥头路堤上拼装导梁和行车，并将拼装好的导梁用绞车纵向拖拉就位，使可伸缩支脚支撑在架梁孔的前墩上。

②先用纵向滚移法把预制梁运到两导梁间，当梁前端进入前行车的吊点下面时，将预制梁前端稍稍吊起，前方起重横梁吊起，继续运梁前进至安装位置后，固定起重横梁。

③用横梁上的起重行车将梁落在横向滚移设备上，并用斜撑柱以防倾倒；然后，在墩顶横移落梁就位(除一片中梁处)。

④用以上步骤并直接用起重行车架设中梁。

如用龙门吊机吊着预制梁横移，其方法同联合架桥机架梁。此法预制梁的安装顺序是先安装两个边梁，再安装中间各梁。全孔各梁安装完毕并符合要求后，将各梁横向焊接联系；然后，在梁顶铺设移运导梁的轨道，将导梁推向前进，安装下一孔。

重复上述工序，直至全桥架梁完毕。

(3)自行式吊车桥上架梁法

在预制梁跨径不大，重量较轻且梁能运抵桥头引道上时，可直接用自行式伸臂吊车(汽车吊或履带吊)来架梁。但是，对于架桥孔的主梁，当横向尚未连成整体时，必须核算吊车通行和架梁工作时的承载能力。此种架梁方法简单、方便，几乎不需要任何辅助设备。

(4)扒杆纵向“钓鱼”架梁法

此法是用立在安装孔墩台上的两副人字扒杆，配合运梁设备，以绞车互相牵吊，在梁下无支架、导梁支托的情况下，把梁悬空吊过桥孔，再横移落梁、就位安装的架梁法。

用此法架梁时，必须以预制梁的重量和墩台间跨径为基础，在竖立扒杆、放倒扒杆、转移扒杆或架梁或吊着梁进行横移等各个工作阶段，对扒杆、牵引绳、控制绳、卷扬机、锚碇和其他附属零件进行受力分析和应力计算，以确保设备的安全。还须对各阶段的操作安全性进行检查。

本法不受架设孔墩台高度和桥孔下地基、河流水文等条件影响，不需要导梁、龙门吊机等重型吊装设备而可架设 40m 以下跨径的桥梁，扒杆的安装移动简单，梁在吊着状态时横移容易，且也较安全，故总的架设速度快。但本法需要技术熟练的起重工，且不宜用于不能设置缆索锚碇和梁上方有障碍物处。

(三)装配式混凝土梁(板)的横向连接

装配式钢筋混凝土和预应力混凝土简支梁(板)的施工工序：装配式梁(板)等构件预制→构件移运堆放→运输→预制梁(板)架设安装→横向连接施工→桥面系施工。

装配式混凝土简支梁(板)桥横向一般由多片主梁(板)组成。为了使多片装配式主梁(板)能连成整体，共同承受桥上荷载，必须使多片主梁(板)间有横向连接，并且有足够的强度。

1. 装配式混凝土板桥的横向连接

装配式板桥的横向连接常用企口混凝土铰接和钢板连接等形式。板与板之间的连接应牢固、可靠，在各种荷载作用下不松动、不解体，以保证各预制装配式板通过企口混凝土铰接缝或焊接钢板连接成整体，共同承受车辆荷载。

(1)企口混凝土铰接缝

企口混凝土铰接缝是在板预制时，在板两侧(边板为一侧)按设计要求预留各种形状的企口(如棱形、漏斗形、圆形等)。预制板安装就位后，在相邻板间的企口中浇筑纵缝混凝土，铰接缝混凝土应采用 C30 以上细骨料混凝土，施工时注意插捣密实。实践证明，这种纯混凝土铰已能保证传递竖向剪力，使各预制板共同参与受力。有的还从预制板中伸出钢筋，相互绑扎后填塞铰接缝混凝土，并浇筑在桥面铺装混凝土中。

(2)焊接钢板连接

由于企口混凝土铰接需要现场浇筑混凝土，并须待混凝土达到设计强度后才能作为整体板桥承受荷载。为了加快施工进度，可以采用焊接钢板的横向连接形式。

板预制时，在板两侧相隔一定距离处预埋钢板，待预制板安装就位后，用一块钢板焊在相邻两块预埋钢板上，形成铰接构造。焊接钢板的连接构造沿纵向中距通常为0.8～1.5m，在桥跨中间部分布置密集，向两端支点逐渐变疏。

2.装配式混凝土简支梁桥的横向连接

预制装配式混凝土简支梁桥，待各预制梁在墩台安装就位后，必须进行横向连接施工，把各片主梁连成整体梁桥，才能作为整体桥梁，共同承担恒载和动载。实践证明，横向连接刚度越大，各主梁共同受力性能越好，因此，必须重视横向连接施工。装配式简支梁桥的横向连接，可分成横隔梁的横向连接和翼缘板的横向连接两种情况。

(1)横隔梁的横向连接

通常在设有横隔梁的简支梁桥中，均通过横隔梁的接头把所有主梁连接成整体。接头要有足够的强度，以保证结构的整体性，并确保在桥梁运营过程中接头不致因荷载反复作用和冲击作用而发生松动。横隔梁接头通常有扣环式接头、焊接钢板接头和螺栓接头等形式。

①扣环式接头。扣环式接头是在梁预制时，在横隔梁接头处伸出钢筋扣环(按设计计算要求布置)，待梁安装就位后，在相邻构件的扣环两侧安装上腰圆形的接头扣环，再在形成的圆环内插入短分布筋后现浇混凝土封闭接缝，接缝宽度为0.2～0.6m，通过接缝混凝土将各主梁连成整体。

随着装配式混凝土梁主梁间距的加大，为了缩减预制梁的外形尺寸和吊装重量，T形梁的翼缘板和横隔梁都采用这种扣环式横向连接形式，以达到经济且施工吊运较简单的目的。

②焊接钢板接头。在预制T形梁横隔接头处下端两侧和顶部的翼缘内预埋接头钢板应焊在横梁主筋上。当T形梁安装就位后，在横隔的预埋钢板上再加焊盖接钢板，将相邻T形梁连接起来，并在接缝处灌注水泥浆封闭。

这种接头强度可靠，焊接后立即能承受荷载，但现场要有焊接设备，而且有时须在桥下仰焊，施工较困难。

③螺栓接头。为简化接头的现场施工，可采用螺栓接头。预埋钢板同焊接钢板接头，钢盖板不是用电焊，而是用螺栓与预埋钢板连接起来，然后用水泥砂浆封闭。为此，钢板上要预留螺栓孔。这种接头不需要特殊机具，施工迅速，但在运营中螺栓易松动，挠度较大。

(2)翼缘板的横向连接

以往具有横隔梁的装配式T形梁桥中，主梁间通过横隔梁连成整体，T形梁翼缘板之间不连接，翼缘板是作为自由悬臂处理的。目前，为改善翼缘板的受力状态，翼缘板之间也进行横向连接。另外，无横隔梁的装配式T形梁桥，主梁通过相邻翼缘板之间的横向连接连成整体梁桥。

翼缘板之间通常做成企口铰接式的连接。由主梁翼缘板内伸出连接钢筋，横向连接施工时，将此钢筋交叉弯制，并在接缝处再安放局部的钢筋网；然后，浇筑桥面混凝土铺装层。也可将主梁翼缘板内的顶层钢筋伸出，连接施工时将它弯转并套在一根纵向通长的钢筋上，形成纵向铰；然后，浇筑桥面铺装混凝土。接缝处的桥面铺装层内应安放单层钢筋网，计算时不考虑铺装层受力。这种连接构造由于连接钢筋较多，给施工增加了一些困难。

3.装配式混凝土梁(板)桥横向连接施工注意事项

横向连接施工是将单个预制梁(板)连成整体，使其共同受力的关键施工工序。施工时必须保证质量，并应注意以下几点。

(1)相邻主梁(或板)间连接处的缺口，填充前应清理干净，接头处应润湿。

(2)填充的混凝土和水泥浆应特别注意质量。在寒冷季节，要防止较薄的接缝或小截面连接处填料热量的损失，这时应采取保温和蒸汽养护等措施，以保证填料硬化。在炎热天气，要防止填料干燥太快，黏固不牢，以致开裂。若接缝处很薄(约5mm)，可用灰浆或灌入纯水泥浆。

(3)横向连接处有预应力筋穿过时，接头施工时应保证现浇混凝土不致压扁或损坏力筋套管。套管的内冲洗，应在接头混凝土浇筑后进行。

(4)钢材及其他金属连接件，在预埋或使用前应采取防腐措施，如刷油漆或涂料等，也可用耐腐蚀材料制造预埋连接件。焊接时，应检查所用钢筋的可焊性,并应由熟练焊工施焊。

三、预应力混凝土简支梁桥的施工技术

(一)施加预应力的方法

施加预应力一般是靠张拉在混凝土中配置的高强度钢筋来实现的。目前,在桥梁工程中常用的方法有先张法和后张法两种。

(二)先张法施工

先张法生产工序少、效率高,适宜工厂化大批量生产。张拉钢筋时,只需夹具,不需锚具,预应力钢筋自锚于混凝土之中。但先张法需要专门的张拉台座,构件中钢筋一般只能采用直线配筋,施加的应力较小,一般只适合于制作跨径在25m内的中小跨径梁(板)。

1. 张拉台座

张拉台座是先张法生产的主要设备之一,它承受预应力筋的全部张拉力,因此,须有足够的强度、刚度和稳定性。台座按构造形式分为墩式和槽式两类。

(1)墩式台座

墩式台座靠自重和土压力来平衡张拉力所产生的倾覆力矩,并靠土的反力和摩擦力来抵抗水平位移,其适用于地质条件良好、张拉线较长的状况,由台面、承力架、横梁和定位钢板等组成。

台面是制作构件的底模,要求平整、光滑。一般采用在夯实平整的土基上浇一层5～8cm的C15～C20素混凝土,并每隔10～20m留伸缩缝,且沿长度方向有0.3%的坡度,以利于排水。

承力架也叫传力墩,它要承受全部的张拉力,须保证变形小、经济、安全和操作方便,可因地制宜。横梁是将预应力筋张拉力传给承力架的构件,常用型钢设计制成,应保证其刚度和稳定性,避免受力后产生变形和挠曲。定位钢板用来固定预应力筋的位置,其圆孔位置按梁体预应力筋的设计位置确定,孔径比预应力筋大2～5mm,以便穿筋。

(2)槽式台座

当现场地质条件较差、台座又不很长时,可采用由台面、传力柱、横

梁、横系梁等组成的槽式台座。传力柱和横系梁一般用钢筋混凝土做成，其他部分与墩式台座的相同。槽式台座与墩式台座不同之处在于，预应力筋张拉力由传力柱承受而得到平衡。

2.预应力筋的张拉

(1)张拉前的准备工作

张拉前应先在端横梁上安装并检查定位钢板，其孔位和孔径应符合设计要求；然后，将定位钢板固定在横梁上。安装定位板时，要保证最下层和最外侧预应力筋的混凝土保护层尺寸，进而在台座上安装预应力筋，将其穿过端横梁和定位板后，用锚具固定在板上，沿台面每隔一定距离放置钢筋头，垫起预应力钢筋。对于长线台座，预应力筋或者预应力筋与拉杆、拉索的连接，必须先用连接器串联后才能张拉。

(2)张拉工艺

先张法张拉预应力筋，分单根张拉和多根整批张拉，单向张拉和双向张拉。单根张拉设备比较简单，吨位要求小，但张拉速度慢。为避免台座承受过大的偏心力，应先张拉靠近台座截面重心处的预应力筋，然后向两侧对称张拉。多根同时张拉，需 1 个或 2 个大吨位千斤顶，张拉速度快，但控制要求较高，要保证每根钢筋的初始长度一致，活动横梁与固定横梁保持平行。如遇钢筋的伸长值大于千斤顶油缸最大工作行程，可采用重复张拉的办法解决。

(3)一般操作

①调整预应力筋长度。

采用螺栓杆锚具拧动端头螺母，调整预应力筋长度，使每根预应力筋受力均匀。

②初始张拉。

初始张拉一般施加 10%的张拉应力，将预应力筋拉直，锚固端和连接器处拉紧。在预应力筋上选定适当的位置刻画标记，作为测量延伸量的基点。

③正式张拉。

a.一端固定，一端单根张拉。张拉顺序由中间向两侧对称进行，如横梁、承力架受力安全，也可从一侧进行。单根预应力筋张拉，吨位不可一次拉至超张拉应力。

b. 一端固定，一端多根张拉，千斤顶必须同步顶进。保持横梁平行移动，预应力筋均匀受力，分级加载，拉至超张拉应力。

c. 一端单根张拉，一端多根张拉。先张拉单根预应力筋，由延伸量和油表压力读数又控制施加 30%～40%的张拉力；同时，使预应力筋受力均匀，先顶锚锚固一端，再张拉多根预应力筋至超张拉应力。

④持荷。

按预应力筋的类型选定持荷时间 2～5min，使预应力筋完成部分徐变，完成量为全部量的 20%～25%，以减少钢丝锚固后的应力损失。

⑤锚固。

补足或放松预应力筋的拉力至控制应力。测量、记录预应力筋的延伸量，并核对实测值与理论计算值，其误差应在±6%范围内；如不符合规定，则应找出原因及时处理。张拉满足要求后，锚固预应力筋，千斤顶回油至零。

3. 预应力筋的放松

当混凝土强度达到设计规定的放松强度后(若设计无规定，一般应不小于设计强度的 70%)，可放松受拉的预应力筋，然后再切割端部的预应力筋。常用的放松方法有以下几种。

(1)螺杆放松

放松时只要将螺母反向拧动即可，此法一般用于放松用螺丝端杆或工具式张拉螺杆固定的预应力筋。

(2)千斤顶放松

在台座固定端的承力架与横梁之间，张拉之前预先安放千斤顶。放松时，两个千斤顶同时回旋，使拉紧的预应力筋徐徐回缩，张拉力被放松。

(3)砂箱放松

用砂箱代替千斤顶。使用时从进砂口灌满烘干的砂子，加上压力打紧。放松时，打开出砂口，砂子慢慢流出，预应力筋徐徐回缩，张拉力被放松。

钢筋放松后，可用氧炔焰切割，但应防止烧坏钢筋端部。钢丝放松后，可用割断、锯断或剪断的方法切断。切割后的外露端应用砂浆封闭，以防生锈。

4.安全技术和注意事项

(1)安全技术

①张拉前要对张拉设备、锚具做认真检查。张拉时要有统一指挥，按操作程序施工。

②使用千斤顶时不准超载，张拉时，台座两端不得站人，操作人员应站在放在台座侧面的油泵外侧进行工作。

③钢筋拉到张拉力后，要停 2～3min，待稳定后再锚固。

④台座两端应有防护措施。张拉时沿台座长度方向，每隔 4～5m 应放一防护架。

(2)注意事项

①当多根钢筋同时张拉时，必须先调整初应力，确保应力一致。

②预应力筋张拉完毕后，位置偏差不得大于 5mm，亦不得大于构件截面最短边长的 4%。

③用三横梁、四横梁整批张拉时，千斤顶应对称布置，防止活动横梁倾斜。

④张拉时，张拉方向与预应力钢材在一条直线上。

⑤顶紧锚塞时，用力不要过猛，以防钢丝折断；在拧紧螺母时，应注意压力表读数始终保持在控制张拉力上。

(三)后张法施工

后张法的张拉设备简单。不需要专门台座，便于在现场施工，预应力筋可布置成直线和曲线，施加的力较大，适合预制大型构件。后张法是一种极有效的拼装手段，在大跨度桥梁施工中广泛应用。但需要大量锚具且不能重复使用，施工工序多，工艺复杂。

后张法制作预应力混凝土构件，常采用抽拔芯管成型孔道。

1.张拉前准备

张拉前，需要完成梁内预留孔道、制索、制锚、穿索和张拉机具的准备工作。

(1)预留孔道工艺

预留孔道是后张构件制作的特殊工序,孔道的形状、尺寸和质量对后张构件的质量有直接影响,其预留孔道主要有直线和曲线两种形式。

①制孔的方法。

a.埋设管道法。埋设管道法主要用于曲线管孔的制作。一般采用薄铁皮管和铝合金波纹管。它在梁体制成后留在梁内,使用后不能回收,成本高,金属材料耗用量大。

b.抽芯管法。抽芯管法主要用于直线管孔制作,是预先将其安放在预应力筋的设计位置上,待混凝土终凝后将它拔出。构件内即具有孔道,它能周转使用,应用较广。抽拔式制孔器有橡胶、金属伸缩和钢管三种形式。抽拔制孔器的时间,与预制所处环境的气温有关,必须严格掌握;否则,将会出现塌孔或拔不出的情况。一般以混凝土抗压强度达到0.4~0.8MPa时为宜。

抽拔制孔器的顺序宜先上后下,先曲后直,分层浇筑的混凝土应根据各层凝固情况确定抽拔顺序。芯管采用橡胶管或钢管时,可用机械抽拔。抽拔时施拉方向应和管道轴线重合,胶管先抽出芯棒,再抽胶管,抽出后清洗干净,卷盘存放。

②制孔器和通孔器。

制孔器可采用橡胶管、无缝钢管、铁皮管、金属伸缩套管、金属波纹管。几种常见的制孔器简介如下。

a.橡胶管。此法应用较普遍。常见的胶管有:外径48mm±2mm、内径26mm的六层布筋橡胶管;外径51mm、内径21mm的纯橡胶管等。一般胶管抗拉力约5kN,在拉力作用下管道径向收缩不小于2mm,取消拉力后残余变形小,有良好的挠曲性和耐磨性。它不仅适用于直线孔,也能用于曲线孔中。制孔时,胶管位置靠定位架固定,定位架间距为40~60cm,沿箍筋间隔设置,曲线孔道适当加密。为增加胶管的刚性和防止浇筑混凝土过程中胶管挠曲离开设计位置及局部变形,应在橡胶管内置一圆钢筋或钢丝束(称芯棒),芯棒直径应较胶管内径小8~10mm,长度较胶管长1～2m，以便先抽拔芯棒。对于曲线束的孔道，宜由两端胶管在跨中对接，对接接头处套一段长为0.3～0.5m的铁皮管，也可用塑料布包裹后并用铁丝绑扎。接头要牢固、严密，以防浇筑混凝土时脱节和漏浆，胶管从梁的两端抽拔，铁皮管则留在架内。

为易于胶管拔出，也有采用胶管内充气、充水的方法，充气后胶管径向扩张3～5mm。通常需气压0.7～0.8MPa，混凝土初凝后、终凝前即可放气，使胶管收缩抽出。

b.无缝钢管。无缝钢管用于直线孔道制孔。钢管要求平直，表面应光滑，焊接接头处应仔细清理干净，保持平顺，过长孔道的中间活动接头，可用白铁管套接，钢管架立间距以钢管无下垂为度，活动接头处至少要架立两点，使白铁套管不受力。结构混凝土浇筑完成后，应定时转动钢管，防止钢管与混凝土黏结，钢管长度以混凝土浇筑后能使钢管转动为宜，钢管预埋前应除锈、刷油。

c.铁皮管。预埋在孔道内成为孔道一部分，常用0.5～0.75mm厚黑铁皮卷制而成。为防止漏浆，纵向采用咬口接缝，并与节之间采用套接，大头直径放大2mm。接头间用氧焊焊接。曲线管道在木模上压制成型。为便于穿过预应力钢束，各管节均按同向套接。为防止咬口处漏浆，可涂热沥青一道。铁皮管架设应符合孔道形状，绑扎在钢筋骨架上要牢固，防止平移或上浮。预埋铁皮管成孔方法需要大量铁皮，故多用于抽拔胶管有困难的梁体上或管道十分密集的部位，以防互相串浆。

d.金属伸缩套管。主要由铝锌合金等制作而成，为防止漏浆，增加套管可靠度，伸缩套层数至少两层。操作时，将伸缩套管穿入定位架或孔道筋位置后，将套管孔径扩大到预留孔径，使其与孔道筋绑牢，接头处可用铁皮管处理。

e.金属波纹管。金属波纹管一般是用厚0.3～0.6mm的镀锌钢带，由制管机卷制而成，管分为“通用段”和“连用段”。钢带的厚度根据管径而定，管表面有螺旋状的凸肋，既增加了管的刚性，又可在接头处旋入直径稍大的连接管段。成型后的管沿纵向和径向具有一定的刚度，沿长度又有较好的柔性，而且便于排布各种曲线孔道，故称为半刚性管。管的直径通常以 25mm 为起点，按 5mm 的模数递增直到 130mm。在需要接长时，两段管之间旋入一段长约 40mm 的连接管段作为搭接头，在接缝处缠绕塑料胶带密封，以防漏浆。“连接段”与“通用段”两种管的形状相同，“连接段”仅直径增大 3～5mm。

金属波纹管的连接。用金属波纹管做孔道预埋管，可提高孔道位置的准确度和防止孔道间掉浆。通孔器是检查制孔质量的仪器，用圆钢制作，长 100～120mm，中间一段呈圆柱形，直径比预应力筋孔道小 4～7mm，两端为截头圆锥形，并各钻一小孔，通过小孔来固定牵引钢丝。

③制孔器的安装。

安装制孔器时，可先将其沿梁体长度方向顺序穿越各定位钢筋的“井”字网眼，然后，在梁中部安装好接头，最后穿入钢筋芯棒。“井”字定位钢筋的位置，可依预应力筋坐标图来确定，其间距一般为 0.4～0.6m，曲线管道应适当加密。接头布置在跨中附近，但不同孔道接头不宜在同一断面上(同一断面是指顺制孔器长度方向为 1m 的范围内)。

④压浆孔及排气孔的预留。

除锚具上已设置外，无论何种管道或孔道，均须设置压浆孔及排气孔。一般排气孔应设在孔道最高位置，压浆孔直径不小于 20～25mm，排气孔直径为 8～10mm，可用木塞或钢筋头顶紧预留，混凝土初凝后拔出。螺丝端杆、锥形螺杆锚具的垫板上有槽口，只留灌浆孔，可不留排气孔，锥形锚具、JM 锚具在锚塞正中留有小孔，能灌浆及排气，不需留灌浆孔和排气孔。

(2)孔道检查

制孔后，应用通孔器检查；若发现孔道堵塞，应清除孔道内的杂物，为力筋穿孔创造条件。检查时，一般用大小不一的两种直径通孔器(相差 10mm 左右)，先用大直径的试通，若通不过，再用小直径的试通，用芯棒检查堵孔位置并做标记。对仅能通过小直径的孔道，可采取用螺纹钢筋在孔内通捣(或来回拉孔)；对不通的孔，查明原因后，分别采取措施；若是由于断胶管、水泥浆或铁皮头堵塞，则可在芯棒上焊制钢钩将其钩出或用力将其导通；若是金属伸缩套管或其他接头因拉断残留在孔中等原因，堵塞严重，则应标出准确位置，从侧面凿开取出，疏通孔道，重设制孔器，修补缺口。

(3)穿束

穿束前应全面检查锚垫板和孔道，锚垫板应位置正确；若锚垫板移位，造成垫板平面和孔道中轴线不垂直，应用楔形垫板加以纠正；孔道内应畅通，无水分和杂物，孔道应完整无缺。制好的钢丝束应检查其绑扎是否牢固、端头有无弯折现象；钢丝束按长度和孔位编号，穿束时核对长度，对号穿入孔道。穿束工作一般采用人工直接穿束，较长的预应力筋可借助一根长钢丝作为引线，用卷扬机进行穿束。

2. 预应力筋的张拉

(1)张拉原则

①对曲线预应力筋或长度大于等于 25m 的直线预应力筋，宜在构件两端同时张拉。如设备不足，可先在一端张拉，补足预应力值。

②为避免张拉时构件截面呈过大的偏心受压状态，应分批、分段对称张拉。先张拉靠近截面重心处的预应力筋，再张拉截面重心较远处的预应力筋。

(2)张拉程序

张拉程序与预应力钢材的类别和锚具的形式有关，各种张拉程序可按具体规定进行。

(3)张拉前的准备工作

张拉前，应检验构件的外观和尺寸，构件端部预埋铁板与锚具和垫板接触处的焊渣、毛刺、混凝土残渣应清除干净。混凝土强度应不低于设计强度的 70%。穿筋前，螺丝端杆的丝扣部分要用水泥袋或破布缠绕两三层，并用细铁丝扎牢或用套筒保护，防止损伤螺口。钢丝束、钢绞线束、钢筋束等穿束时，将一端打齐，顺序编号并套上穿束器。穿束器的引线穿束时，将一端打齐，顺序编号并套上穿束器，将穿束器的引线穿过孔道，然后向前拉动，直至两端均露出所需长度为止。

(4)操作方法

预应力筋张拉操作方法与配用的锚具及千斤顶的类型有关，现介绍两种常见的操作示例。

①钢绞线束、钢筋束配 JMI2 型穿心式千斤顶的张拉操作步骤和方法。

a. 穿束前，先将 JMI2 型锚具圆锚环用电焊固定在构件预埋铁板上。锚具的位置应与孔道中心对正，焊接时可用木塞固定其位置，以保证位置准确。对曲线孔道，当端头面与孔道中心线不垂直时，可在锚环下另加斜垫板调整准确。

b. 穿束时，将每一束内的各根钢材顺序编号，在构件两端对号检查，防止其在孔内交叉、扭结。

c. 将清洗过的夹片，按原来在锚具中的片位号依次嵌入预应力钢材之间。此时，注意当预应力钢材为螺纹钢筋时，应将其两条纵肋放在两夹片的空隙间，不可将其夹在夹片中；否则，容易造成钢筋滑动。夹片嵌入后，随即用手轻轻敲击，将其夹紧预应力钢筋，但夹片外漏长度应整齐一致。

d. 安装千斤顶。将预应力钢筋束穿入千斤顶，锚环对中，并将张拉油缸先伸出 2～4cm，再在千斤顶尾部安上垫板及工具锚，将预应力钢材夹紧。为便于松开销片，工具锚环内壁可涂少量润滑油。

e. 使顶压油缸处于回油状态，向张拉油缸供油，开始张拉。同时，注意工具锚和固定端的工作锚，使夹片保持整齐(一般差 3mm 时影响不大)；张拉至初应力，做好标记，作为测量伸长值的起点。

f. 按规定程序张拉至规定吨位或换算的油压值，并测量预应力钢材的伸长值，以校核应力。

g. 在保持张拉油缸调压阀阀口开度不变的情况下，向顶压缸供油，直至需要的顶压力。在顶压过程中，如张拉油缸升压超过最大张拉力规定，应使张拉油缸适当降压。

h. 在保持继续向顶压油缸供油的情况下，使张拉油缸缓缓回油，完成油缸回油动作。

i. 打开顶压阀的回油缸，油泵停车，千斤顶借助其内部回程弹簧作用，顶压活塞自动回程，张拉锚固结束。

②钢丝束配用钢质锥形锚具,锥锚式千斤顶的张拉操作步骤和方法。

a.张拉前的准备工作。先把锚环套在钢丝束外面,锚塞放在钢丝束中央,并将钢丝均匀分布在锚塞周围,用手锤轻敲锚塞;装上对中套,千斤顶就位,将钢丝按顺序嵌入千斤顶的分丝盘槽沟和卡环槽口内,再用楔块卡住;然后,调整千斤顶的位置,使管道、锚圈、千斤顶处在一条轴线上。轻敲楔块,使钢丝初步固定在卡环上。

b.初始张拉。使千斤顶大缸进油,两端同时张拉至初应力。由于钢丝在卡环上未楔紧,允许钢丝有滑移现象,从而可调整钢丝长度,使张拉过程均匀受力。滑丝停止后,打紧楔块或工具锚锚塞(用穿心千斤顶时),使钢丝牢牢地固定在卡环上或工具锚上;然后,两端同时补足张拉至初应力。在分丝盘沟槽处的钢丝上刻画标记,作为测量钢丝伸长量的基点;并在卡环前端的钢丝上刻画标记,用以辨认是否滑丝。

c.正式张拉。初拉调整后,继续开动油泵,稳步使千斤顶大缸进油;当张拉到超张拉值时,稳住进油量,持续调整 5min,大缸回油,使张拉力退到控制张拉力为止。此时,测量钢筋伸长量。

d.顶锚。当测量的钢丝伸长值与计算值相符合,即可进行顶压锚塞。顶锚时,关闭大缸油路,小缸进油,使小缸活塞猛顶锚塞,将钢丝锚紧;然后,大小缸同时回油,打去卡环上的楔块,退出千斤顶。顶锚后,钢丝因内缩而发生预应力损失,因此,应在另一端张拉时补足损失。如果在另一端顶锚时,回缩量大于 3mm,必须再张拉,以补回预应力损失。

3.孔道压浆及封锚

(1)压浆

孔道压浆是用水泥浆填满孔道中预应力筋周围的空隙,目的是保护预应力筋不致锈蚀,并使预应力筋与梁体结成整体,从而提高梁的承载能力、抗裂性能和耐久性。孔道压浆是用专门的活塞式压浆机进行的,要求张拉后尽快压浆(一般不宜超过 14d)。压浆时要求密实、饱满。

①准备工作。压浆前切割锚外钢丝时,应采取降温措施,以免锚具和预应力筋因过热而产生滑丝。用环氧砂浆或棉花和水泥浆填塞锚塞周围的钢丝间隙。用压力水冲洗孔道,排除孔内杂物并吹去孔内积水。

②水泥浆的技术条件。孔道压浆一般宜采用水泥浆，孔隙大的孔道，水泥浆中可掺入适量的细砂。水泥浆的强度应不低于构件本身混凝土强度的80%，且不低于C30。水泥宜采用硅酸盐水泥或普通水泥，水泥的强度等级不宜低于42.5。水灰比宜采用0.4～0.45，掺入适量减水剂时，水灰比可减少到0.35。水泥浆的泌水率最大不超过3%，拌和后3h的泌水率应控制在2%。水泥浆中可掺入适当膨胀剂，如铝粉等，但其自由膨胀率应小于10%。水泥浆自调制至压入孔道的延续时间，一般不宜超过45min。

③压浆方法。压浆的顺序，应先压下孔道，后压上孔道；应将集中的孔道连续一次压完，以免孔道串浆，将附近孔道阻塞；对于曲线孔道，应由最低点的压浆孔压入，由最高点的排气孔排气及溢出水泥浆。

压浆工艺有“一次压注法”和“二次压注法”两种，前者用于不太长的直线形孔道；对于较长的孔道或曲线形孔道，以“二次压注法”为好。二次压浆时，第一次从甲端压入直至乙端流出浓液浆时，将乙端的孔用木塞塞住，待灰浆的压力达到要求（一般为0.5～0.7MPa），且各部无漏水现象时，再将甲端喷嘴拔出并立即用木塞塞住。待第一次压浆完成约30min后，拔掉甲、乙端的塞子，自乙端再进行第二次压浆。重复上述步骤，待第二次压浆完成约30min后，卸除压浆管，压浆工作即完成。

（2）封锚

孔道压浆后应立即将梁端水泥浆冲洗干净，并将端面混凝土凿毛，绑扎端部钢筋和安装封锚模板后，浇筑锚端混凝土。封锚混凝土强度等级不宜低于构件混凝土强度等级的80%，亦不宜低于C30。浇完封锚混凝土并静置1～2h后，应进行带模浇水养护。脱模后，在常温下一般养护时间不少于7d。

4.安全技术及注意事项

（1）操作高压油泵人员应戴护目镜，防止油管破裂时或接口不严时喷油伤眼。

（2）高压油泵与千斤顶之间所有连接点、紫铜管的喇叭口或接口必须完好、无损坏并应将螺母拧紧。

(3)张拉时,构件两端不得站人,并应设置防护罩。高压油泵应放在构件端部的两侧;拧紧螺母时,操作人员应站在预应力钢材位置的侧面。张拉完毕后,稍等几分钟再拆卸张拉设备。

(4)雨期张拉时,应搭设防雨棚,防止张拉设备淋雨;冬期张拉时,张拉设备应有保暖措施,防止油管和油泵受冻,影响操作。

(5)孔道压浆时,掌握喷浆嘴的人必须戴护目镜、穿水鞋、戴手套。喷嘴插入孔道后,喷嘴后面的胶皮垫圈须压紧在孔洞上。堵压浆孔时应站在孔的侧面,以防灰浆喷出伤人。

(6)张拉地区应有明显标记,禁止非工作人员进入张拉场地。

第二节　拱桥施工

一、现浇混凝土拱桥施工

对现浇混凝土拱桥进行有支架施工是一种传统的施工方法,也是应用广泛的一种方法。现在,还有一种无支架的悬臂现浇施工方法也在逐步被广泛应用。这里重点介绍有支架现浇施工方法。

(一)一般规定

(1)拱桥施工前应根据设计施工图、施工方案、现场条件,制定结构施工设计,其主要内容应包括:①拱架上砌筑或现浇拱圈施工应完成拱架设计(包括支架及支架基础设计)、拱架安装及卸落设计;②拱圈浇筑、砌筑方法、顺序及分层分段施工程序设计;③拱架及劲性骨架预压、加载设计、分段浇筑、分段卸载设计;④支架或劲性骨架上现浇拱圈,分层(环)浇筑及分环承载设计;⑤大跨度拱桥合龙设计。

(2)混凝土及钢筋混凝土现浇拱桥的模板、钢筋、混凝土施工的一般技术要求应按具体的规定执行,本书前文已叙述过。钢筋混凝土现浇拱桥支架施工法的拱架及制作、安装、卸落一般技术要求应按技术规范执行。拱架常用的结构形式有:满布立柱式、撑架式、组拼式、工字梁拱式、桁架拱式等。满布立柱式拱架的构造和制作都很简单,但需要立柱较多,一般用于高度和跨度都不大的拱桥。撑架式拱架是将立柱式拱架加以改进，用支架加斜撑来代替较多的立柱，由于它在一定程度上满足了通航的需要，因此实际工程中采用较多。

(3)拱圈施工应按设计规定预留预拱度，中小跨径亦可根据跨径大小、恒载挠度、拱架及支架变形等因素分析计算预拱度，其值一般宜取L/1000～L/500(L 为跨径)，拱顶的预拱度取最大值，跨间一般按抛物线分配。

(4)拱圈砌筑、浇筑、安装前，应检测桥墩、桥台的高程、轴线及跨径，拱架安装轴线、高程及安装质量。

(二)拱架上浇筑混凝土拱圈

1.浇筑准备

(1)混凝土拱圈浇筑前应检查支架、拱架及模板安装质量，检测高程、轴线合格后，在底模上放线标明拱圈(拱肋)中线、边线、分段浇筑位置。

(2)拱脚、拱顶及各分段点应留间隔槽。分段长度视混凝土浇筑能力和拱架结构及支架情况而定，一般宜取 5～12m。

2.施工技术要点

(1)跨径小于 16m 的拱圈或拱肋混凝土，应按拱圈全宽度从两端拱脚向拱顶对称地连续浇筑，并在拱脚混凝土初凝前全部完成。若预计不能在规定时间内完成，则应在拱脚预留一个隔缝并最后浇筑隔缝混凝土。

(2)跨径大于或等于 16m 的拱圈或拱肋，应沿拱跨方向分段浇筑，分段位置应以能使拱架受力对称、均匀和变形小为原则，拱式拱架宜设置在拱架受力反弯点、拱架节点、拱顶及拱脚处；满布式拱架宜设置在拱顶、拱跨 1/4 处、拱脚及拱架节点等处。各段的接缝面应与拱轴线垂直，各分段点应预留间隔槽，其宽度一般为 0.5～1.0m，但安排有钢筋接头时，其宽度还应满足钢筋接头的需要。若预计拱架变形较小，可减少或不设间隔槽，而采取分段间隔浇筑。

(3)分段浇筑程序应符合设计要求，应对称于拱顶进行，使拱架变形保持均匀和尽可能小，并应预先做出设计。分段浇筑时，各分段内的混凝土应一次连续浇筑完毕，因故中断时，应浇筑成垂直于拱轴线的施工缝；

若已浇筑成斜面，应凿成垂直于拱轴线的平面或台阶式接合面。

(4)间隔槽浇筑混凝土，应待拱圈分段浇筑完成且其强度达到75%设计强度以及接合面按施工缝处理后，由拱脚向拱顶对称进行浇筑。拱顶及两拱脚间隔槽混凝土应在最后封拱时浇筑。封拱合龙温度应符合设计要求，若设计无规定，宜在接近当地年平均气温或5～15℃时进行，封拱合龙前用千斤顶施加压力的方法调整拱圈应力时，拱圈(包括已浇间隔槽)的混凝土强度应达到设计强度。

(5)浇筑大跨度钢筋混凝土拱圈(拱肋)时，纵向钢筋接头应安排在设计规定的最后浇筑的几个间隔槽内，并应在这些间隔槽浇筑时再连接。

(6)浇筑大跨径拱圈(拱肋)混凝土时，宜采用分环(层)分段法浇筑，也可沿纵向分成若干条幅，中间条幅先行浇筑合龙，达到设计要求后，再按横向对称、分次浇筑合龙其他条幅。其浇筑顺序和养护时间应根据拱架荷载和各环负荷条件通过计算确定，并应符合设计要求。

(7)大跨径钢筋混凝土箱形拱圈(拱肋)可采取拱架上组装并现浇的施工方法。先将预制好的腹板、横隔板和底板钢盘在拱架上组装，在焊接腹板、横隔板的接头钢筋形成拱片后，立即浇筑接头和拱箱底板混凝土，组装和现浇混凝土时应从两拱脚向拱顶对称进行，浇底板混凝土时应按拱架变形情况设置少量间隔缝并于底板合龙时填筑，待接头和底板混凝土强度达到设计强度的75%后，安装预制盖板，然后铺设钢筋，现浇顶板混凝土。

(三)劲性骨架浇筑拱圈

1. 一般规定

劲性骨架浇筑混凝土拱圈，主要用于大跨径拱桥、无支架悬挂模板现浇，施工前必须编制施工设计和监控方案，并符合下列要求。

(1)劲性骨架可根据施工图设计选定的钢桁架拱圈、钢管混凝土拱圈或钢管混凝土组拼桁架拱圈，分别采用工厂制作、现场分段吊装，架设成拱。

(2)劲性骨架设计，应主要由施工阶段荷载控制。除验算使用阶段受力外，应分别验算骨架安装阶段及各环拱圈混凝土浇筑阶段的受力状态，同时考虑劲性骨架结构构件的受力过程，防止局部构件先期失稳，劲性骨架混凝土拱圈施工过程的各阶段都必须有足够的强度、刚度和稳定性。

(3)劲性骨架混凝土拱圈的浇筑方法，可依具体条件采用分环多工作面浇筑法、分环分段浇筑法、水箱压载平衡浇筑法和扣索斜拉连续浇筑法。

(4)劲性骨架混凝土拱圈分环浇筑，应制定浇筑程序，计算分析分环浇筑、分环合龙和分环承载各阶段的骨架及骨架与分环混凝土拱圈联合结构的变形、应力及稳定性，并在施工过程中严格监控。

(5)依据分环浇筑需要，可采用水箱法或其他加载方法加压，减少劲性骨架变形。施工设计时要对加压、卸载的程序和方法妥善安排，并计算分环拱圈混凝土浇筑、压载、卸载过程的变形及骨架结构受力状态。实施过程严格监控，保持劲性骨架的竖向、横向变形在设计允许范围内。

2. 施工技术要求

(1)分环多工作面均衡浇筑劲性骨架混凝土拱圈(拱肋)时，各工作面可根据模板长度分成若干工作段，各工作面要求对称均衡浇筑，两对应工作面浇筑进度差不得超过一个工作段。

(2)水箱压载法，即在拱圈(或拱肋)顶部布置水箱，随着混凝土浇筑面从拱脚向拱顶推进，根据拱圈(或拱肋)变形和应力的观测值，通过对水箱注水加载和放水卸载来实现对拱轴线竖向变形的控制。

用水箱压载分环浇筑劲性骨架混凝土(拱肋)时，当混凝土浇筑至 $L/4$ 截面区段时，应严格控制好拱圈的竖向及横向变形，防止钢骨架杆件因应力超过极限强度而失稳。为使混凝土适应钢骨架变形，避免开裂，浇筑第一环(层)混凝土时，可在 $L/4$ 界面处设变形缝，变形缝宽 200mm，待浇完第一环混凝土后用高一级混凝土填实。

(3)用斜拉扣挂分环连接浇筑劲性骨架混凝土拱圈(拱肋)时，应选择可靠和操作方便的扣挂及张拉系统，选好扣点和索力，设计好扣索的张拉与放松程序，以便有效地控制拱圈截面应力和变形，确保混凝土从拱脚向拱顶对称连续浇筑的实施。斜拉扣挂法就是在拱圈(拱肋)适当位置选取扣点，用钢绞线作为扣索(斜拉索)，两岸设置临时塔架，在混凝土浇筑过程中，根据各断面的应力情况进行张拉或放松，实现从拱脚到拱顶连续浇筑混凝土。

扣点作为施加在拱肋上拉力的作用点，其位置可根据受力要求并考虑钢骨架吊装大段的接头位置合理选择。

扣索的索力可采用制定应力法来确定，即指定拱肋断面的应力在某一范围内，在浇筑某一环混凝土时，若应力在此范围内，可不张拉扣索；若超过指定范围，则用扣索来调整应力。扣索的张拉与放松过程，一般是从拱脚往上浇筑混凝土后，拱脚转而受压，趋于全拱均匀受荷，就要逐渐放松扣索。混凝土浇完，扣索已松完，转变为纯拱受荷体系。

(4)浇筑劲性骨架混凝土拱圈(拱肋)时，要严格控制钢骨架及先期混凝土层的竖向、横向变形，其变形值应符合设计要求，相对高差和横向位移应符合检测标准，否则应采取纠正措施。

(5)在拱圈合龙及混凝土或砂浆达到设计强度的30%后即可进行拱上建筑以及后期附属设施的施工。空腹式拱上建筑一般是砌完腹孔墩后即卸落拱架，再对称均衡地砌筑腹拱圈、侧墙。实腹式拱上建筑应由拱脚向拱顶对称地砌筑，砌完侧墙后，再填筑拱腹填料及修建桥面结构等。

二、装配式混凝土拱桥施工

(一)装配式桁架拱和刚构拱预制

装配式桁架拱和刚构拱的拱片宜根据跨径和场地大小及吊装能力等因素，选取整片、分段或分杆件的预制方法。分段或分杆件预制时，其分段长度、结头连接类型和方法应按设计规定执行。拱片预制时应设置预拱度，拱顶预拱度确定后，其余各点预拱度可按直线变化设置。

1. 拱肋预制一般规定

(1)拱肋预制可依据跨径大小、安装方法分段预制，分段数量及分段长度应按设计规定或施工设计执行。

(2)拱肋宜立式浇筑，便于起吊。

(3)箱形、U形拱肋必须立式预制，混凝土浇筑可采取一次浇筑或二次浇筑法，二次浇筑时施工缝位置应设在腹板以上。

(4)拱肋卧式预制时,对起吊、扶正应有可靠性措施,不得直接搬起扶正。

2. 桁架拱片预制一般规定

(1)桁架拱片可依跨径大小、架设方法,采取整片、分段或分杆件预制。分段与分杆件分解长度及接头构造应按设计规定执行。

(2)拱片长度一般采取卧式预制。拱片起吊、扶正必须水平起吊后悬空翻身竖立,起吊过程要求各点受力均匀,拱片保持平面状态,不得扭、折。

(3)拱片起吊时,对其薄弱部位应依受力情况予以加固。

(二)装配式桁架拱和刚构拱安装

装配式桁架拱和刚构拱的安装程序:在墩台上安装预制的桁架(刚架)拱片,同时安装横向联系构件,在组成的桁架拱(刚架拱)上铺装预制的桥面板。

多孔桁架拱(刚架拱)采用少支架安装时宜逐孔进行,卸架应安排在各孔拱片都合龙后进行,卸架程序应按照设计要求或根据桥墩所能承受的最大不平衡推力计算确定。

拱片采用无支架安装时,可采用分段、分杆件或悬臂拼装的方法进行。在成拱过程中应及时安装横向联结系和横向临时稳定风缆等。拱片分杆件安装时,宜先安装由下弦杆与跨中实腹段组成的“拱肋”单元,再由实腹段两端向拱脚对称地逐个安装由斜杆、竖杆和上弦杆组成的三角形单元。拱片采用悬臂拼装方案时,还应注意张拉预应力筋必须在相邻两段拱片吊装好并横向联系牢固,形成较稳定的框架之后进行,防止张拉时发生横向失稳。

装配式桁架拱、刚构拱无支架安装的接头类型应符合设计规定。大跨径桁式组合拱的拱顶接头施工还应符合下列规定。

(1)两岸合龙段构件吊装就位,在封顶以前,应对拱顶接头施加预应力以调整应力,然后浇筑拱顶湿接头混凝土,待接头混凝土达到规定强度后方可松索合龙。

(2)湿接头混凝土宜采用较构件混凝土强度高一级的早强型混凝土。

(三)无支架安装拱圈

拱圈的无支架吊装可根据河床、地形、桥梁跨径、吊装设备等情况选择适当的方案。起重设施、设备均应按有关规定设计、计算确定。

(1)缆索吊机架设的一般规定:①承重主索、塔架、索鞍、风缆、地锚等设施的强度、稳定性以及地基承载力均应按有关规定验算,符合规定要求;②主索的设计垂度可采用塔架间距的 1/20～1/15,主索的计算荷载应计入 1.2 的冲击系数;③因塔顶受水平分力作用,为防止失衡、摆动,应设缆索加固;④缆索吊机组装完毕应全面检查,并进行试吊、试拉、试运行,试吊荷载应不小于使用荷载的 130%。

(2)扣索、扣架一般规定:①扣索、扣架应布置合理,扣架底座应与墩、台固定,扣架顶部应设风缆,扣索、扣架的强度及稳定性应经验算符合有关规定;②各扣索位置必须与所吊拱肋在同一竖直面内;③拱架顶面高程应高于拱肋扣环高程。

(3)构件拼装应结合桥梁规模、河流、地形及设备等条件采用适宜的吊装机具,各项机具设备和辅助结构的规格、型号、数量等均应按有关规定经过计算设计确定。缆索吊机在吊装前必须按规定进行张拉和试吊。

(4)拱肋吊装时,除拱顶段以外,各段应设一组扣索悬挂。

(5)整根拱肋吊装或每根拱肋分两段预制、吊装,对中小跨径的箱形拱桥,当其拱肋高度大于跨径的 0.9%～1.2%,拱肋底面宽度为肋高的 60%～100%,且横向稳定安全系数不小于 4 时,可采取单肋合龙,嵌紧拱脚后松索成拱。

(6)大、中跨径的箱形拱,其单拱合龙横向稳定安全系数小于 4 时,可先悬扣多段拱脚段或次拱脚段拱肋,然后用横夹木临时将相邻两肋连接后,安装拱顶段单根肋合龙,松索成拱。

(7)当拱肋跨径不小于 80m 或横向稳定安全系数小于 4 时,应采用双基肋合龙松索成拱的方式,即当第一根拱肋合龙并校正拱轴线,压紧拱肋接头缝后,稍松扣索和起重索,压紧接头缝,但不卸掉扣索和起重索。待第二根拱肋合龙,两根拱肋横向连接固定好并拉好风缆后,再同时拆卸两根拱肋的扣索和起重索。

(8)当拱肋分三段吊装时，采用阶梯形搭接接头，宜先准确扣挂两拱脚段，调整扣索使其上端头较设计值高 30～50mm，再安装拱顶段使之与拱脚段合龙；采用对接接头，宜先悬扣拱脚段初步定位，使其上端头高程比设计值抬高 50～100mm，然后准确悬扣拱顶段，使其两端头比设计值高 10～20mm，最后放松两拱脚段扣索使其两端均匀下降与拱顶段合龙。

(9)当拱肋分五段吊装时，宜先从拱脚段开始依次向拱顶分段吊装就位，每段的上端头断面不得歪斜。首先使拱脚段的上端头较设计高程抬高 150～200mm，次边段定位后，使拱脚段的上端头抬高值下降为 50mm 左右，应保持次边段的上端头抬高值约为拱脚段的上端头抬高值的 2 倍，否则应及时调整，以防拱肋接头处开裂。

(10)当拱肋分七段吊装时，受施工条件或地形限制无法采用双肋合龙，应对风缆系统进行专门设计，确保拱肋横向稳定安全系数不小于 4，拱肋接头强度满足该施工阶段设计要求，并经相关部门审批后，可采用单拱合龙。

(11)在各段拱肋松索过程的一般规定：①松索前应校正拱轴线位置及各接头高程，使之符合要求；②每次松索均应采用仪器观测，控制各接头、拱顶及 1/4 高程，防止拱肋接头发生非对称变形而导致拱肋失稳或开裂；③松索应按照拱脚段扣索、次拱脚段扣索、起重索三者的先后顺序，并按比例定长对称、均匀松卸；④每次松索量宜小，各接头高程变化不宜超过 10mm，每次松索压紧接头缝后应普遍旋紧接头螺栓一次，当接头高程接近设计值时，宜用钢板嵌塞接头缝隙，再将扣索、起重索放松到基本不受力，压紧接头缝，拧紧接头螺栓，同时用风缆调整拱肋轴线的横向偏位，并应观测拱肋各接头、1/8 跨及拱顶高程，使其在允许偏差之内；⑤大跨径箱形拱桥分三段或五段吊装合龙成拱后，根据拱肋接头密合情况及拱肋的稳定度，可保留起重索和扣索部分受力，待拱肋接头的连接工序基本完成后再全部松索。

(12)拱肋接头电焊作业应在调整完轴线偏差、嵌塞并压紧接头缝钢板之后和全部松索成拱之前进行。拱肋接头部件电焊时，应采取分层、间断、交错方法施焊，每层不可一次焊得过厚，以免周围混凝土烧坏，最后应将各接头螺栓拧紧并焊死。

(13)多孔装配式拱桥应根据有无制动墩的情况确定吊装方案，吊装时应严格按设计加载程序进行。

三、钢管混凝土拱桥施工

(一)钢管拱肋(桁架)加工

1.材料要求

(1)钢管混凝土拱桥所用钢管直径超过500mm时应采用卷制焊接管，其径厚比宜大于30，卷制钢管宜在工厂进行，优先选用符合国家标准系列的成品焊接管。钢管混凝土拱圈用4600mm以下小直径钢管，可直接采用无缝钢管或焊接钢管；大直径钢管宜在工厂用钢板卷焊螺旋焊管和直缝焊管；钢管卷制、焊接应符合国家标准，焊缝质量应不低于Ⅱ级；钢管对接时竖向焊缝错位应不小于300mm。

(2)成品管及制管用的钢材和焊接材料应符合设计要求和国家现行标准的规定，具备完整的产品合格证明。当成品管有材料代替时，应提供充分的材料力学特性和工艺性能依据。

(3)钢管中浇灌混凝土强度等级宜选用C30～C50，直径大于500mm的管内混凝土宜用补偿收缩混凝土或微膨胀混凝土。

2.钢管拱肋加工要求

(1)钢管拱肋(桁架)加工的分段长度应根据材料、工艺、运输、吊装等因素确定。在加工制作前，应根据设计图的要求绘制施工详图，包括零件图、单元构件图、节段单元图及组焊、拼装工艺流程图等，按钢管的根数及布置形式，钢管混凝土拱肋横截面形式通常分为单肢型、双肢哑铃型、四肢矩形格构型、三角形格构型和集束型等。

(2)钢管拱肋加工前应按设计图及施工结构设计放样，样台长度应大于1/2跨径，放样时应同时计入预拱度，并考虑焊接变形影响。在大样图中要标出分段尺寸、混凝土压注孔、截流阀、排气孔位置尺寸等，加工时直接套样板下料。

(3)拱肋分段长度应依吊装方法、起重设备、运输条件等因素在施工结构设计中确定，运输有困难时可在现场二次组拼，现场拼装时应设拼装台座，台座上精确放线并设置限位装置。

(4)钢管对接端头应校圆，失圆度不得大于外径的3‰；主拱焊缝应达到Ⅱ级标准，对接焊缝100%进行超声波探伤。两条对接环焊缝的间距应符合设计要求，设计无规定时，直缝焊接管不小于管的直径，螺旋焊接管不小于3m。对接径向偏差不得超过壁厚的20%。为减少运输及安装过程中对口处的失圆变形，应适当在该处加设内支撑。

(5)桁架式钢管拱主管与腹管采用相贯焊接时，宜采用自动或半自动的加工方式来保证相贯线和坡口的制作精度，在满足焊接接头强度的原则下，选择的对焊接材料和工艺应尽量提高接头的韧性指标。

(6)在钢管拱肋(桁架)加工过程中，应注意设置混凝土压注孔、防倒流截止阀、排气口及扣点、吊点节点板。

(7)钢管拱肋(桁架)节段形成后，钢管外露面应按设计要求做长效防护处理，宜采用热喷涂防护，其喷涂方式、工艺和厚度应符合设计要求。

(二)钢管拱肋(桁架)安装

(1)钢管拱肋吊装可采用少支架或无支架法施工。

(2)钢管拱肋分段吊装过程中应同时安装横向联系或采取临时横向稳定措施。

(3)钢管拱肋分段接头施焊，应对称进行，施焊前应用定位板控制焊缝间距，不得采用堆焊。

(4)钢管拱肋安装成拱后，应调整各段接头高程及拱轴线符合施工结构设计。

(5)钢管拱肋的横向稳定系数大于4时可单肋合龙，拱肋合龙温度应符合设计要求，若设计未作规定，应在气温接近年平均温度时合龙。

(三)钢管混凝土浇筑

(1)管内混凝土应采用泵送顶升压注施工，由两拱脚至拱顶对称均衡一次压注完成，除拱顶外，不宜在其余部位设置横隔板。

(2)钢管混凝土应具有低泡、大流动性、微膨胀、延后初凝和早期强度高的工程性能。

(3)钢管混凝土压注前应清洗管内污物,润湿管壁,泵入适量水泥浆后再压注混凝土,直至钢管顶端排气孔排出合格的混凝土时停止。完成后应关闭设于压注口的倒流截止阀。管内混凝土的压注应连续进行,不得中断。

(4)大跨径拱肋钢管混凝土浇筑应根据设计加载程序,宜分环、分段并隔仓由拱脚向拱顶对称均衡压注,浇筑过程要严格监控拱肋变位,不得超过设计规定。

(5)拱肋钢管混凝土浇筑采用抛落浇筑时,管径很小时可采用外部附着式振捣,管径大于350mm则宜采用内部插入式振捣。

(6)钢管混凝土拌和时宜掺入性能适宜的减水剂或使用微膨胀水泥拌制。

(7)钢筋混凝土的质量检测方法应以超声波检测为主。

(8)为保证混凝土泵送工艺的顺利进行,对大跨径钢管混凝土拱桥,需按实际泵送距离和高度进行模拟混凝土压注试验。

(9)钢管混凝土的泵送顺序应按设计要求进行,宜采用先钢管后腹箱的程序。

第三节　斜拉桥施工

一、斜拉桥主要结构体系

斜拉桥是一种桥面体系受压,支撑体系受拉的桥梁,它主要由上部结构的主梁(加劲梁)、桥塔和斜拉索以及下部结构的墩台组成。斜拉桥桥面体系由加劲梁构成,支撑体系由斜拉索构成。斜拉桥的结构体系可根据主梁、斜拉索、索塔和桥墩的不同形式结合,形成4种不同的结构体系,下面进行简要介绍。

(一)漂浮体系

漂浮体系的特点是塔墩固结、塔梁分离。主梁除两端有支承外,其余全部由拉索作为支承,成为在纵向可稍作浮动的一根具有多点弹性支撑的单跨梁。地震烈度较高的地区优先采用这种体系。

(二)半漂浮体系

半漂浮体系的特点是塔墩固结，主梁在桥墩处主梁下设竖向支撑，成为在跨内具有多点弹性支撑的连续梁或悬臂梁。在经济上和美观度上都优于漂浮体系。

(三)塔梁固结体系

塔梁固结体系的特点是塔梁固结并支承在桥墩上，主梁相当于顶面用拉索加强的一根连续梁或悬臂梁，主梁与塔内的内力和挠度同主梁和塔柱的弯曲刚度比值直接相关。该体系一般适用于小跨径斜拉桥。

(四)刚构体系

刚构体系的特点是梁、塔、墩固结，主梁成为在跨内具有多点弹性支撑的刚构。该体系适用于地震烈度较低且无抗风要求的地区。

二、斜拉桥施工技术

(一)主塔施工

1.钢主塔施工

钢主塔施工，应对垂直运输、吊装高度、起吊吨位等施工方法做充分考虑。钢主塔在工厂分段立体试拼装合格后方可出厂。主塔在现场安装，常常采用现场焊接接头、高强度螺栓连接、焊接和螺栓混合连接的方式。

经过工厂加工制造和立体式拼装的钢塔，在正式安装时，应予以测量控制，并及时对螺栓孔进行扩孔，调整轴线和方位，防止加工误差、受力误差、安装误差、温度误差、测量误差的积累。

钢主塔的防锈措施，可用耐候钢材，或采用喷锌层。但绝大部分钢塔都采用油漆涂料，一般可保持的使用年限为 10 年。油漆涂料常采用两层底漆，两层面漆。其中三层由加工厂涂装，最后一道面漆由施工安装单位最终完成。

2.混凝土主塔施工

混凝土桥塔主要采用就地浇筑法，模板和支架的做法常采用支架法、滑模法、爬模法和大型模板构件法等。

3. 主塔施工测量控制

斜拉桥主塔一般由基础、承台塔座、下塔柱、下横梁、中塔柱、上横梁、上塔柱(拉索锚固区)、塔顶建筑八大部分或其中几部分组成。由于主塔的建筑造型千姿百态，断面形式各异，在主塔各部位的施工过程中，除了应保证各部位的几何尺寸正确，更重要的是应该进行主塔局部测量系统的控制，并与全桥总体测量系统接轨。

主塔局部测量系统的控制基准点，应建立在相对稳定的基准点上，如选择在主塔的承台基础上，进行主塔各部位的空间三维测量定位控制。测量控制的时间，一般应选择当天 22:00～次日 7:00，即日照之前的时段内，以减少日照对主塔造成的变形影响。

此外，随着主塔高度不断升高，也应选择风力较小的时机进行测量，并对日照和风力影响予以修正。在主塔八大部位的相关转换点上的测量控制极为重要，以便根据实际施工情况及时进行调整，避免误差的累积。

主塔局部测量系统的量测，一般常采用三维坐标法或天顶法。若主塔局部测量系统的基点选择在相对稳定的承台基础上，随着主塔高度增高及混凝土收缩、徐变、沉降、风荷载温度等因素的影响，基准点必然会有少量的变化，为此应该在上述八大部位的相关转换点上，与全桥总体测量坐标系统接轨，以便进行总体坐标的修正，进行测量的系统控制。

(二)主梁施工

1. 主梁施工方法

斜拉桥主梁施工方法包括顶推法、平转法、支架法和悬臂法。四种施工方法的特点及适用范围简述如下。

(1)顶推法

顶推法的特点是施工时须在跨间设置若干临时支墩，顶推过程中主梁反复承受正、负弯矩。该法较适用于桥下净空较低、修建临时支墩造价不大、支墩不影响桥下交通、抗压和抗拉能力相同、能承受反复弯矩的钢斜拉桥主梁的施工。对混凝土斜拉桥主梁而言，由于拉索水平分力能对主梁提供预应力，如在拉索张拉前顶推主梁，临时支墩间距又超过主梁负担自重弯矩能力，为满足施工需要，须设置临时预应力束，在经济上不合算，所以，迄今国内尚无用顶推法修建斜拉桥主梁的实例。

（2）平转法

平转法是将上部构造分别在两岸或一岸顺河流方向的矮支架上现浇，并在岸上完成所有的安装工序（落架、张拉、调索）等，然后以墩、塔为圆心，整体旋转到桥位合龙。平转法适用于桥址地形平坦、墩身矮和结构系适合整体转动的中小跨径斜拉桥。我国四川马尔康地区的金川桥是一座跨径为 68m＋37m，采用塔、梁、墩固结体系的钢筋混凝土独塔斜拉桥，塔高 25m，中跨为空心箱梁，边跨是实心箱梁，该桥是采用平转法施工的。

（3）支架法

支架法分为支架上现浇、在临时支墩架设托架或劲性骨架现浇、在临时支墩上架设预制梁段等几种施工方法。其优点是施工简单方便，既能确保结构满足设计线形，又适用于桥下净空低、搭设支架不影响桥下交通的情况。

例如，我国的天津永和桥是在临时支墩上拼装主梁；昆明市圆通大桥是一座跨径为 70.5m＋70.5m、全宽 24m[2×7.5m＋3m（拉索区）＋2×3m]的独塔单索面斜拉桥，采用支架法现浇。

（4）悬臂法

悬臂法可以是在支架上修建边跨，然后中跨采用悬臂拼装法和悬臂施工的单悬臂法；也可以是对称平衡方式的双悬臂法。悬臂施工法分为悬臂拼装法和悬臂浇筑法两种。悬臂拼装法，一般是先在塔柱区现浇段放置起吊设备的起始梁段，然后用各种起吊设备从塔柱两侧依次对称安装节段，使悬臂不断伸长直至合龙。悬臂浇筑法，是从塔柱两侧，用挂篮对称逐段就地浇筑混凝土。我国大部分混凝土斜拉桥主梁都采用悬臂浇筑法施工。

综上所述，支架法和悬臂施工法是目前混凝土斜拉桥主梁施工的主要方法，前者适用于城市立体交叉或净高较低的岸跨主梁施工，后者适用于净高很大的大跨径斜拉桥主梁的施工。

2.斜拉桥主梁施工特点

(1)结构设计由施工内力控制

斜拉桥与其他梁桥相比,主梁高跨比很小、梁体十分纤细、抗弯能力差。由于挂篮重量大,当采用悬臂施工时,如果仍采用梁式桥传统的挂篮施工方法,梁、塔和拉索将由施工内力控制设计,很不经济。因此,考虑施工方法,必须充分利用斜拉桥结构本身特点,在施工阶段充分发挥斜拉索的效用,尽量减轻施工荷载,使结构在施工阶段和运营阶段的受力状态基本一致。

(2)横截面浇筑方法

对于单索面斜拉桥,一般都须采用箱形断面。若全断面一次浇筑,为减少浇筑重量,要在一个索距内纵向分块,并须额外配置承受施工荷载的预应力束。所以,一般做法是将横断面适当地分解为三部分,即中箱、边箱和悬臂板。

先完成包含主梁锚固系统的中箱,张拉斜拉索,形成独立稳定结构,然后以中箱和已浇节段的边箱为依托浇筑两侧边箱,最后用悬挑小挂篮浇筑悬臂板,使整体箱梁按品字形向前推进。对于双索面斜拉桥,主梁节段在横断面方向分为两个边箱和中间车行道板三段,边箱安装就位后就张拉斜拉索,利用预埋于梁体内的小钢箱来传递斜拉索的水平分力,使边箱自重分别由两边拉索承担,从而降低了挂篮承重要求,减轻了挂篮自重,最后安装中间桥面板并现浇纵横接缝混凝土。

(3)塔梁临时固结

为了保证大桥在整个梁部结构架设安装过程中的稳定、可靠、安全,要求施工安装时采取塔梁临时固结措施,以抵抗安装钢梁桥面板及张拉斜拉索过程中可能出现的不平衡弯矩和水平剪力。

(4)中孔合龙

为保证大桥中孔能顺利合龙,根据以往斜拉桥的成功经验,一般选择自然合龙的方法。

以上海杨浦大桥为例,需要考虑以下几个方面。

①合龙温度的确定。

大桥能否在自然状态下顺利合龙,关键是要正确选择合龙温度。该温度的持续时间能满足钢梁安装就位及高强螺栓定位所需的时间。

②全桥温度变形的控制。

由于大桥跨度大,温度变形对中跨合龙段长度的影响相当敏感。因此,在整个施工过程中,应对温度变形进行监测,特别是对将接近合龙段时的中孔梁段和温度变形更应重点量测,找出温度变形与环境湿度的关系,为确定合龙段钢梁长度提供科学依据。

③合龙段钢梁长度的确定。

设计合龙段长度原定为5.5m,在实际施工时再予以修正。其实际长度应为合龙湿度下设计长度加减温度变形量。

④合龙段的安装。

合龙段钢梁的安装是一个抢时间、抢速度的施工过程,必须在有限的时间里完成,因此,在合龙前必须做好一切准备工作。钢梁应预先吊装就位,一旦螺孔位置平齐,立即打入冲钉,施拧高强螺栓,确保合龙一次成功。

⑤临时固结的解除。

中孔梁一旦合龙,必须马上解除临时固结,否则由于温度变化所产生的结构变形和内力,会使结构难以承受。因此,在合龙段钢梁高强螺栓施拧完后,应立即解除临时固结。

(三)斜拉索施工

成形斜拉索由钢丝或钢绞线组成的钢索和两端的锚具组成。不同种类和构造的斜拉索两端须配装合适的锚具后才能成为可以承受拉力的斜拉索。斜拉索的锚具目前常用的有四种:热铸锚、墩头锚、冷铸墩头锚和夹片群锚。

配装热铸锚、冷铸墩头锚、镦头锚(统称为拉锚式锚具)的拉索,可以事先将锚具装固到钢索两端,预制成斜拉索。

斜拉索可以在专门的工厂制作,然后盘运到桥梁工地,或在桥梁工地现场制作，拖拉到桥位直接进行挂索和张拉。斜拉索有单股绞式钢缆、半平行钢绞线索、半平行钢丝索、平行钢丝索及平行钢丝股索等。这类斜拉索可称作预制索或成品索。

我国已建有专门化、机械化生产热挤塑聚乙烯护套扭绞型钢丝索的工厂，可生产的最大规格为 42147、长度 350m 的钢丝索，可满足 600m 以上大跨径斜拉桥对斜拉索的需要，斜拉索的制作水平已达到国际先进水平。

配装夹片群锚的斜拉索，张拉时直接张拉钢丝，待张拉结束后锚具才发挥作用。配装夹片群锚的平行钢筋索及平行钢绞线索必须在桥梁现场架设过程中制作，故可称为现制。

1. 斜拉索的制作

制索工艺流程：钢丝除锈→调直→应力下料→防护漆→穿锚→镦头→浇锚→烘锚→拉索防护→超张拉→标定。

2. 斜拉索的防护

(1)临时防护

钢丝或钢绞线从出厂到开始做永久防护的一段时间内，所需要的防护称为临时防护。国内目前采用的临时防护法一般是钢丝镀锌，即将钢丝纳入聚乙烯套管内，安装锚头密封后喷防护油，并充氨气，再进行涂漆、涂油、涂沥青膏处理等。

具体实施可根据防锈蚀效能、技术经济比较、设备条件及材料种类决定。通常在钢丝或钢绞线穿入套管前，每根钢丝或钢绞线应在水溶性防腐油中浸泡或喷一层防腐油剂。在临时防护中，镀锌钢丝的锌层应均匀连续，附着牢固，不允许有裂纹、裂痕和漏块。此外，不镀锌处理的钢丝，在储存和加工期间应进行其他涂漆、涂油等临时防护措施。

(2)永久防护

从斜拉索钢材下料到桥梁建成的长期使用期间，应做永久防护。永久防护应满足防锈蚀、耐日光暴晒、耐老化、耐高温、涂层坚韧、材料易得、价格低廉、生产工艺成熟、制作运输安装简便、更换容易等要求。永久防护包括内防护与外防护，内防护是直接防止斜拉索锈蚀，外防护是保护内防护材料不致流出、老化等。

内防护所用的材料一般有沥青砂、防锈脂、凡士林、聚乙烯塑料泡沫和水泥浆等，这些材料各有优缺点。

外防护所用的材料亦各有优缺点：聚氯乙烯管质脆，抗冻和抗老化性能差，易破裂失效；铝管则需注水泥浆，而水泥浆的碱性作用易使铝管腐蚀；钢管作外套时本身尚需防腐蚀且笨重；多层玻璃丝布缠包套，目前效果尚可，但价格高，施工烦琐。

我国目前一般采用炭黑聚乙烯在塑料挤出机中旋转挤包于斜拉索上而成的热挤索套防护斜拉索方法，即 PE 套管法。所用高密度聚乙烯(PE)与其他方法所用材料相比有以下优点：在设计寿命期限内能抵抗循环应力引起的疲劳；在聚乙烯树脂中加炭黑能有效抵抗紫外线的侵蚀；与灌浆材料和钢材无化学反应；在运输、装卸、制造、安装和灌注时能抗损坏；能防止水、空气和其他腐蚀物质的入侵；徐变特性低；对周围环境有一定的适应性。

同时，黑色 PE 管的热膨胀系数大约是水泥浆和钢材的 6 倍。因此，为了控制温度变化并减小可能导致 PE 管损坏的不均匀应力，通常在 PE 管上缠绕或嵌套一层浅色胶带或 PE 面层。采用热挤索套不像 PE 管压浆工艺那样，存在斜拉索钢丝早期锈蚀，它可在很短的时间内完成防腐、索套制作、拉索密封等工艺。

总之，斜拉索防护绝大多数是在生产制作过程中完成的，与生产材料、工艺以及生产标准、管道等密切相关。故此，要做好斜拉索的防护工作，就必须严格控制生产的各个环节工序，以确保斜拉索的质量。

3. 斜拉索的安装

(1)放索及索的移动

①放索。

为方便运输及运输过程中对索的保护，斜拉索起运前通常采用类似电缆盘的钢结构盘将拉索卷盘，然后运输。对于短索，也有采取自身成盘，捆扎后运输的情况。根据斜拉索不同的卷盘方式，现场放索常用的有立式转盘放索和水平转盘放索两种方式。

立式转盘放索：钢结构索盘放索时设置一个立式支架，在索盘轴空内穿上圆轴，徐徐转动索盘将索放出。

水平转盘放索：对于自身成盘的索，设置一个水平转盘，将索盘放在转盘上，边转动边将索放出。

在放索过程中，索盘自身的弹性和牵引产生的偏心力，会使转盘转动加速，导致散盘，危及施工人员的安全。所以，一般情况下，要对转盘设制动装置，或者以钢丝绳作为尾索，用卷扬机控制放索。

②索在桥面上的移动。

在放索和挂索过程中，要对斜拉索进行拖移。由于索自身弯曲，或者与桥面直接接触，在移动中就有可能损坏斜拉索的防护层或索股。为避免这些情况的发生，一般采取以下方法，移动时对索进行保护。

若索盘是水上由驳船运来的，对于短索一般直接将索盘吊到桥面上，利用放索支架放索，对于长索一般直接在船上设置放索支架放索。采用前者需要在梁上放置吊装装备，采用后者则需要梁端设置转向装置以利于索的移动。对于现浇梁，转向装置设在施工挂篮上，若是拼装结构则设在主梁上，并且要求转向装置的半径不小于索盘半径，与梁体保持一定的距离。

辊筒法：在桥面上设置一条辊筒带，当索放出以后，沿辊筒运动。制作辊筒时，要根据斜拉索的布置及刚柔程度，选择适宜的辊轴半径，以免辊轴弯折，摩阻增加。平辊之间要保持合理的间距，防止斜拉索与桥面接触。辊筒可与桥面固结，也可与拉索套筒固结，具体方法依施工现场情况而定。

移动平车法：当斜拉索上桥后，每隔一段距离垫一个平车，由平车载索移动。梁体顶面凹凸不平时会导致平车运动不便，所以平车的轮子不宜太小。与辊筒法一样，平车也要保持合理的间距，避免斜拉索与桥面接触。

导索法:在索塔上部安装一根斜向工作悬索,当斜拉索上桥后,前端连接牵引索,每隔一段距离放置一个吊点,使斜拉索沿着导索运动。这种方法能省去大型牵索设备,可安装成卷的斜拉索。

垫层法:对于一些索径小、自重轻的斜拉索,可在梁面放索线上敷设麻袋、草包、地毯等柔软的垫层,就地拖移。

(2)斜拉索的塔部安装

单吊点法:斜拉索上桥面后,从索塔孔道中放下牵引绳,连接斜拉索的前端,离锚具下方一定距离设一个吊点,索塔吊架用型钢组成支架,配置转向滑轮。

当锚头提升到锁孔位置时,采用牵引绳与吊绳相互协调,使锚头尺寸准确。牵引至索塔孔道后,穿入锚头固定。单吊点法施工简便、安装迅速,缺点是起重索所需的拉力大,斜拉索在吊点处弯折角度较大,故一般适用较柔软的短斜拉索。

多吊点法:同前述导索法。只要将导索法中的牵引索从预穿索孔中引出即可。多吊点法吊点分散、弯折小,在统一操作指挥下,可使斜拉索均匀起吊。因吊点较多,易保持索呈直线状态,两端无须用大吨位千斤顶牵引。

起重机安装法:采用索塔施工时的提升起重机,用特制的扁担梁捆扎拉索起吊。拉索前端由索塔孔道内伸出的牵引索引入索塔斜拉索锚孔内,下端用移动式起重机提升。起重机操作简单快速,不易损坏拉索,但要求起重机有较大的起重能力,故一般适用于重量不大的短索安装。

分步牵引法:根据斜拉索在安装过程中索力递增的特点,分别采用不同的工具,将斜拉索安装到位。首先,用大吨位的卷扬机将索张拉端从桥面提升到预留孔外;然后,用穿心式千斤顶将其牵引至张拉锚固面。在这个阶段前半部分,采用柔性张拉杆——钢绞线束,利用两套钢绞线夹具,系统交替完成前半部分牵引工作;牵引阶段的后半部分,应根据索力逐渐增大的情况,采用刚性张拉杆分步牵引到位。分步牵引法的特点是牵引功率大、辅助施工少、桥面无附加荷载、便于施工。

总之，在以上各种挂索过程中，各种构件连接处较多，如锚头与拉杆、牵引头的连接滑轮与塔柱斜拉索的连接等。任何一处发生问题，就会发生事故，在施工中，应特别注意各处连接的可靠性。

(3)斜拉索的梁部安装步骤

同塔部安装一样，斜拉索梁部安装的基本方法有如下两种。

吊点法：在梁上放置转向滑轮，牵引绳从套筒中伸出，用起重机将索吊起后，随锚头逐渐牵入套筒，缓缓放下吊钩，向套筒口平移，直至将锚头牵入套筒内。

拉杆接长法：对于梁部为张拉端的斜拉索安装，采用拉杆接长法比较方便。先加工长度均为 1.0m 左右的短拉杆与主拉杆连接(张拉杆连接)，使其总长度超过斜拉索套筒加张拉千斤顶的长度。利用千斤顶多次运动，逐渐将张拉端拉出锚固面，并逐渐拆掉多余的短拉杆，安装锚固螺母。运用拉杆接长法，要加工一个组合螺母(张拉杆连接螺母)。采用这个螺母逐步锚固拉杆，直到将锚头拉出锚板后拆除。

4. 斜拉索调索张拉

根据目前的技术水平，国内外斜拉索锚具、千斤顶、斜拉索的设计吨位已达到千吨级水平，大吨位斜拉索整体张拉工艺已经十分成熟。无论是一端张拉还是两端张拉，一般情况下，都须在斜拉索端头接上张拉连接杆，之后使用大吨位穿心式千斤顶实施斜拉索的张拉调索。为方便施工，张拉杆都采用分节接长，而非整根通长。拉锚式斜拉索张拉索的主要步骤包括以下几点。

(1)对张拉千斤顶和配置液压泵进行标定，同时，对预计的调整值划分级别。根据标定得出的张拉值和液压表读数之间的直线关系，计算并列出每级张拉值的相应的油表读数。

(2)对索力检测仪器进行标定。

(3)计算各级调整值并列出相应的延伸量。

(4)做好索力检测和其他各种观测的准备工作；将张拉工具、设备一一就位。

(5)先将千斤顶撑架用手拉葫芦等固定在斜拉索锚固面上,然后将千斤顶用螺栓连接支撑在撑架上;将张拉杆穿过千斤顶和撑架,旋转在斜拉索锚头端,再将长拉杆上的后螺母从张拉杆尾端旋转穿进;将千斤顶与液压泵用油管接好,开动液压泵,使千斤顶活塞空升少许,如调索要求降低索力,可根据情况多升一定量;接着将后螺母旋至与活塞接触紧密处。如调索是在斜拉索锚头还未被牵出锚固面的情况下进行的,则上述过程已在牵索过程完成;如索力检测采用测量张拉杆拉力的方式,则应在张拉杆后螺母间安装穿心式压力传感器,测量张拉力。需要先将传感器从张拉杆后端插入,再将张拉杆后螺母旋入。

(6)按预定级别的相应张拉力,通过电动液压泵进油逐级调整索力。如果是降低索力,则先进油拉动拉索,使锚环能够松动,在旋开锚环后可回油使斜拉索索力降低。在调索过程中,如千斤顶达到行程允许伸长量,即可将斜拉索锚头的锚环旋紧,使其临时支撑于锚固支承面上,这时千斤顶可回油并进行下一行程的张拉。如果调索是在斜拉索锚头还未牵出其锚固面的情况下进行的,则临时锚固由叠撑在锚环上的张拉杆前螺母,即两半边螺母承担。临时锚固张拉调索过程中,应以检测、校核数据,配合液压表读数,共同控制张拉力,并对结果随时观测,以防不正常情况发生。

第四节　悬索桥施工

一、悬索桥概述

(一)悬索桥的受力特点

悬索桥的主要受力构件是锚碇、索塔、缆索系统以及加劲梁等。成桥后作用在桥面上的竖向荷载一部分由加劲梁承担,一部分通过吊索传递给主缆。主缆在塔顶由主索鞍提供支撑,并通过主索鞍将荷载传递给索塔,索塔传递给基础。主缆在两端的强大拉力通过锚碇来平衡,并通过锚碇将拉力传递给地基。

悬索桥属于柔性桥梁结构体系，刚度小、变形大，具有较强的非线性受力特征。从构件受力的重要性出发，可将悬索桥的各部件分为第一体系、第二体系、第三体系。

主缆是第一体系的主要承重构件，承担由吊杆传递过来的桥面荷载及恒载，以受拉为主。主缆通过塔顶鞍座悬挂在索塔上，两端锚固于锚体上。主缆是柔性构件，但主缆的恒载拉力提供了强大的重力刚度，使成桥后的桥梁总体刚度满足桥梁规范的要求。索塔是第一体系的主要承重构件，主要起支撑主缆的作用。悬索桥的恒载和活载均通过索塔传递给基础。锚碇是主缆的锚固体，属于第一体系的承重结构，它将主缆的拉力传递给地基，通常有重力式锚碇和隧道式锚碇。重力式锚碇依靠巨大的自重来抵抗主缆的竖向分力，水平分力由锚体与地基的摩擦力抵抗。隧道式锚碇是将主缆拉力直接传递给围岩。

悬索桥的加劲梁属于第二体系的承重构件，以受弯为主。其主要功能是提供桥面和防止桥梁发生过大的挠曲变形和扭转变形。加劲梁直接承受桥面荷载。

吊索属于第三体系的构件，主要作为传力结构，主要受拉。其主要功能是将桥面上的活载以及恒载，通过索夹传递到主缆上。吊索的上端通过索夹与主缆相连，下端与加劲梁相连。

(二)悬索桥的分类

1. 按悬吊跨数划分

根据悬吊跨数不同，悬索桥可分为单跨悬索桥、三跨悬索桥、四跨悬索桥和五跨悬索桥，其中单跨悬索桥和三跨悬索桥较为常用。

(1)单跨悬索桥

单跨悬索桥常用于高山峡谷地区，两岸地势较高而采用桥墩支撑边跨更为经济，或者道路的接线受到限制，使得平面曲线布置不得不进入大桥边跨的情况。就结构特性而言，单跨悬索桥由于边跨主缆的垂度较小，主缆长度相对较短，对中跨荷载变形控制更为有利。

(2)三跨悬索桥

三跨悬索桥是目前国际工程实例中应用最多的桥型，世界上大跨度悬索桥几乎全采用这种形式。不仅是因其结构受力特征较为合理，同时，也因其流畅对称的建筑造型更符合人们的审美观。

(3)多跨悬索桥

相对于三跨悬索桥而言，四跨和五跨悬索桥又称为多跨悬索桥，这种桥型由于结构柔性大，固有振动频率较低，难以满足特大跨度悬索桥的受力及刚度需要，因而也就不具备实用优势，世界上几乎没有这类特大桥工程的实例。

在建桥条件需要采用连续大跨布置时，可以用两个三跨悬索桥联袂布置，中间共用一座桥的锚碇锚固这两桥的主缆。美国的旧金山—奥克兰海湾大桥和日本本州四国联络线中的南北备赞大桥即采用此形式。当建桥条件特别适于作连续大跨布置而采用四跨悬索桥时，其中央主塔为满足全桥刚度要求通常需要做A形布置，相应的塔顶主缆须采取特殊锚固措施，以克服两侧较大的不平衡水平拉力。

2.按主缆的锚固方式划分

根据主缆的锚固方式的不同，悬索桥可分为地锚式悬索桥和自锚式悬索桥。

(1)地锚式悬索桥

通常所讲的绝大多数悬索桥都采用地锚式锚固主缆，即主缆通过重力式锚碇或岩隧式锚碇将荷载产生的拉力传至大地来达到全桥的受力平衡，这是大跨度悬索桥最佳的受力模式。

(2)自锚式悬索桥

在较小跨度的悬索桥中，也有个别以自锚形式锚固主缆的，这种自锚式悬索桥的主缆，在边跨两端将主缆直接锚固于加劲梁上，主缆的水平拉力由加劲梁提供的轴压力自相平衡，不需要另外设置锚碇。这种桥式的加劲梁要先于主缆安装施工，实践中因施工困难、经济性差等，一般很少采用。

3. 按悬吊方式划分

竖直吊索，以钢桁架作为加劲梁；斜吊索，采用三角布置，并以扁平流线型钢箱作加劲梁，也有呈交叉形布置的斜吊桥；混合式，即采用竖直吊索、斜吊索和流线型钢箱梁作加劲梁。除了有一般悬索桥的缆索体系，还设有若干加强用的斜拉索。

4. 按支撑结构划分

如果按加劲梁的支承结构来分，又可分为单跨两铰加劲梁悬索桥、三跨两铰加劲梁悬索桥及三跨连续加劲梁悬索桥等。

二、悬索桥施工工艺

(一)塔柱施工工艺

钢塔柱一般用钢板先预制连接成格子形截面的节段，节段在现场吊装拼接成塔柱。早期的钢塔柱无论节段内还是节段间的连接均采用铆接，构件加工精度要求高。随着栓焊技术的发展，钢塔节段在工厂焊接制造，然后将节段运输到工地架设并用高强螺杆来连接。

钢塔柱一般支撑在一块厚钢板上，厚钢板与桥墩混凝土栓接并把塔柱压力均匀传递到桥墩中。现在也有在桥墩混凝土中埋设锚固构架，塔柱用高强螺栓锚固在构架上，通过构架将压力均匀传递到混凝土中的做法。

混凝土塔柱的施工与斜拉桥塔柱施工相同，一般以就地浇筑为主，采用滑模爬模等技术连续浇筑。

(二)锚碇施工

悬索桥主缆索股锚固形式分为自锚式和地锚式。自锚式是将主缆索股直接锚于加劲梁上，无须使用锚碇结构，一般仅适用于中小跨径悬索桥。地锚式则将主缆索股锚于重力式锚碇、隧道锚碇或直接锚于坚固的岩体上。此处所讨论的锚碇是指地锚式悬索桥锚固主缆的重要结构物。

锚碇是锚块基础、锚块、钢缆的锚碇架及固定装置等的总称。它不仅抵抗来自主缆的竖直反力，而且抵抗主缆的水平力，是悬索桥区别于其他桥梁的独有结构，直接关系到悬索系统的稳定性。锚块是直接锚固主缆的结构，它通过锚固系统将主缆索股拉力分散开。锚块与其下面的锚块基础连成一体，用于抵抗因主缆拉力产生的锚碇滑动及倾倒。锚碇主要有重力式锚碇、隧道式锚碇等。目前，世界上已建悬索桥绝大部分采用的是重力式锚碇。这除了与锚碇所处的地形、地质条件有关，还与主缆架设方法、锚碇施工方法有关。

一般而言，若锚碇处有坚实岩层靠近地表，则修建隧道式锚碇（或称岩洞式锚碇）可能比较经济。美国华盛顿桥新泽西岸锚碇是隧道式的，其混凝土用量仅为纽约岸锚碇（重力式）的 21%，但隧道式锚碇有传力机理不明确的缺点。若有坚实基岩层靠近地表，也可采用重力式锚碇，让锚块嵌入重基岩，使位于锚块前的基岩凭借承压来抵抗主缆的水平力。例如，汕头海湾大桥设计为重力前锚式锚碇，虎门大桥的东锚碇设计为山后重力式锚碇。

一般设置在承载力比较好地基上的重力式锚碇，宜采用明挖的扩大基础。如美国 1964 年建成的维拉扎诺桥和丹麦 1970 年建成的小贝尔特桥都是采用的扩大浅基础。当锚碇设置在软土层中时，可以采用大型沉井或地下连续墙的形式。如江阴长江大桥北锚碇采用了大型沉井基础，虎门大桥的西锚碇和润扬长江道路大桥北锚碇均采用了地下连续墙基础。

（三）主缆施工

1. 主缆架设

悬索桥的钢缆有钢丝绳钢缆和平行线钢缆。钢丝绳钢缆适用于中、小跨度的悬索桥，平行线钢缆适用于主跨为 500m 以上的大跨悬索桥。平行线钢缆根据架设方法分为空中送丝法和预制索股法两种。

（1）空中送丝法架设主缆

①架设方法。

空中送丝法架设主缆是在桥两岸的索塔和锚碇等都已安装就绪后，沿主缆设计位置，在两岸锚碇之间布置一无端牵引绳，将牵引绳的端头连接起来，形成从此岸到对岸的长绳圈。其主要架设方法如下。

a. 将送丝轮扣牢在牵引绳上，且将缠满钢丝的卷筒放在一岸的锚碇旁，从卷筒中抽出钢丝头，暂时固定在靴跟处（称为“死头”）。

b. 继续将钢丝向外抽，由死头、送丝轮和卷筒将正在输送的丝形成一个钢丝套圈，用动力机驱动牵引绳，于是送丝轮就带着钢丝送向对岸。

c. 在钢丝套圈送到对岸时，用人工将套圈从送丝轮上取下，套到其对应的靴跟上。

d. 随着牵引绳的驱动，送丝轮又被带回此岸，取下套圈套在靴跟上，然后又送向对岸。

e. 这样循环进行，当其套在两岸对应靴跟上的丝数达到一根丝股钢丝的设计数目时，就将钢丝“活头”剪断，并将该“活头”与上述暂时固定的“死头”用钢丝连接器连起来，即完成了一根丝股的空中编制。

②空中送丝法施工注意事项。

空中送丝法主缆每一丝股内的钢丝根数为300～600根，再将这种丝股配置成六角形或矩形，挤紧而成为圆形。空中送丝法架设主缆施工必须设置猫道、配备送丝设备，还须有稳定送丝的配套措施。为使主缆各钢丝均匀受力，应分别对钢丝长度和丝股长度进行调整，还应及时进行紧缆和缠缆。

(2)预制索股法架设钢缆

①架设方法。

预制索股法架设钢缆的目的是使空中架线工作简单化。索股预制股每束61丝、91丝或127丝，再多就过重。两端嵌固热铸锚头在工厂预制，先配置成六角形，然后挤紧成圆形。

②索股线形调整步骤。

a. 垂度调整应在夜间温度稳定时进行。温度稳定的条件：长度方向索股的温差不大于2℃，横截面索股的温差不大于1℃。

b. 绝对垂度调整，应测定基准索股下缘的标高及跨长、塔顶标高及变位、主索鞍预偏量、散索鞍预偏量。主缆垂度和标高的调整量，应在确定气温与索股温度等值后经计算确定。基准索股标高必须连续 3d 在夜间温度稳定时进行测量,3 次测出结果误差在容许范围内时,应取 3 次的平均值作为该基准索股的标高。

c. 相对垂度调整,应按与基准索股若即若离的原则进行。

d. 垂度调整允许误差:基准索股中跨跨中为±1/20000 跨径;边跨跨中为中跨跨中的 2 倍;上下游基准索股高差 10mm;一般索股(相对于基准索股)为－5～10mm。

e. 调整合格的索股不得在鞍槽内滑移。索股锚头入锚后应进行临时锚固。索股应设一定的抬高量,抬高量宜为 200～300mm,并做好编号标志。

f. 索力的调整应以设计提供的数据为依据,其调整量应根据调整装置中测力计的读数和锚头移动量双控确定。实际拉力与设计值之间的允许误差应为设计锚固力的 3%。

2. 主缆防护

首先,主缆防护应在桥面铺装完成后进行。防护前必须清除主缆表面灰尘、油污和水分等,并设置临时覆盖。待涂装及缠丝时再揭开临时覆盖。其次,主缆涂装应均匀,严禁遗漏。涂装材料应具有良好的防水密封性和防腐性,并应保持柔软状态,不硬化、不脆裂、不霉变。最后,缠丝作业宜在二期恒载作用于主缆之后进行,缠丝材料以选用软质镀锌钢丝为宜。钢丝缠绕应紧密均匀,缠丝张力应符合设计要求。缠丝作业应由电动缠丝机完成。

(四)加劲梁架设

悬索桥的加劲梁一般采用钢结构,早期以钢桁梁为主,个别中小跨度的悬索桥采用钢板梁。由于钢板梁的抗风性能不佳,自采用钢板梁的美国塔科马老桥被风振毁后,世界各国在较大跨度的悬索桥中不再采用钢板梁。

1. 加劲梁断面形式

现阶段,加劲梁主要有钢桁梁(桁架式加劲梁)和钢箱梁(钢箱式加劲梁)两类。

钢箱梁的抗风性能较好,风阻吸收仅为钢桁梁的 1/4～1/2,且耗钢量较少;钢桁梁在双层桥面的适应性方面远较钢箱梁优越,适用于交通量较大、公铁两用或其他特殊条件下的悬索桥。

例如,英国的赛文桥,丹麦的小贝尔特桥,土耳其的博斯普鲁斯一桥、博斯普鲁斯二桥,英国的亨伯尔桥,我国的虎门大桥、西陵长江道路大桥、江阴长江道路大桥、厦门海沧大桥、宜昌长江公路大桥、武汉阳逻长江道路大桥、舟山西堠门大桥、广州珠江黄浦大桥等都采用了钢箱梁;而重庆奉节长江大桥,贵州坝陵河大桥、北盘江大桥,湖北的四渡河大桥,湖南矮寨大桥等都采用了钢桁梁。

与一般钢桥相同,钢桁梁或钢箱梁均在工厂内制造,运输到现场后通过节段间现场连接的方法成桥。加劲梁的制造节段长度一般与钢桁梁的节间长度或其纵向吊索间距相同。

2.加劲梁架设安装顺序

加劲梁的架设安装顺序主要有两种形式:一种是从主跨跨中及两侧桥台向索塔的两侧推进;另一种是从索塔两侧分别向主跨、跨中及两侧桥台推进。拼装顺序应能保证塔顶纵向位移尽可能较小,梁段的竖向变位起伏小,并有利于抗风稳定。

美国旧金山—奥克兰海湾大桥和维拉扎诺桥采用的是前一种顺序,而金门大桥和麦基纳克桥采用的是后一种顺序;欧洲多数桥梁(赛文桥、博斯普鲁斯海峡大桥、亨伯尔桥等)采用前一种顺序;在日本,除白鸟大桥外,几乎全部采用后一种顺序。

随着悬索桥施工实践的日益增多,加劲梁架设顺序也在不断发展。例如,日本的明石海峡大桥分别采用两种顺序进行架设。但无论采用哪种架设顺序,均须考虑主缆变形对加劲梁线形(高程)的影响,应在施工前尽可能先做模型试验与必要的计算分析,再结合各桥的特点加以确定。

3.缆载吊机

加劲梁架设的主要工具是缆载吊机,其由主梁、端梁及各种运行提升机构组成。缆载吊机横跨并支撑在两主缆上，其主梁跨度即为两主缆的中心距。

梁段用驳船浮运到安装位置的下方，提升梁上的卷扬机，放下提升钢丝绳。钢丝绳通过平衡梁与加劲梁节段连接。卷扬机将梁段提升到吊索位置后，将吊索下端与梁段上的吊点连接，同时，将本段梁段与相邻梁段临时铰接，然后松开平衡梁，本梁段即吊装完毕。

主缆是柔索结构，当只有部分梁段悬吊在主缆上时挠度很大，已吊装的加劲梁将产生很大的弯曲变形。如果梁段吊装到位后即与相邻梁段连接，则加劲梁将承担很大的弯曲应力，容易造成结构破坏。

为此，梁段吊装到位后只在上缘与相邻梁段形成铰接，下缘在吊装期间张开。随着吊装梁段的增加，主缆的局部挠度减小，加劲梁下缘的间隙逐渐闭合，待梁段全部吊装完成或大部分完成后，在相邻节段间永久固结连接。此时，加劲梁恒荷载完全由主缆承担，加劲梁只承担节段内的局部弯矩。

(五)施工阶段线形及内力控制

悬索桥施工过程中必须对塔柱弯矩、主缆线形及加劲梁线形加以控制，以使成桥时塔柱基本只承担竖向力，主梁线形达到道路线形要求。

在空缆状态下，主缆无论在中跨还是在边跨均为悬链线，当加劲梁安装完毕后，恒载接近于均布荷载，主缆线形接近于二次抛物线。在两种线形之间转换时，主缆将向中跨移动，因此，塔顶的索鞍在加劲梁架设期间，必须可以在纵桥向移动，待架设完毕后再与塔顶固结。

主缆的长度是从成桥状态考虑成桥温度后，用无应力法计算得到的。再根据索股在主缆中的位置计算索股的长度，编索时先确定标准丝的长度，其余钢丝按照标准丝定长度。

空缆的形状根据缆索的总长及中跨与边跨主缆水平分力相等的原则确定。空缆线形与成桥线形比较后可以得到索鞍在架设期间移动的距离。有了空缆线型后即可进行加劲梁吊装过程模拟计算，从而得到吊装过程中主缆、加劲梁的线形控制值，结果将用于现场操作控制。

现场控制时将现场实测值与计算值比较，控制架设精度。以上计算都必须考虑几何非线性效应，现在一般通过基于有限位移法的计算机程序进行计算，同时，考虑实测温度与计算温度差的补偿。

第六章 桥面构造施工

桥面构造通常包括桥面铺装、防水与排水系统、桥面伸缩缝、人行道(或安全带)、缘石、栏杆、护栏和照明灯柱等。

桥面构造多属于外露部位,直接与外界(包括车辆、行人、大气等)接触,对桥梁的主要结构起保护作用,使桥梁能够正常发挥功能,也对行车安全和桥梁的美观起着重要的作用。现代高速交通体系的桥梁,更强调桥面构造的重要性。

由于桥面构造工程量小,项目繁杂,以及其附属性的地位,往往在设计和施工中得不到应有的重视,从而有可能导致运营过程中产生弊病,影响桥梁的正常使用,增加维修费用,甚至被迫中断交通。因此,必须全面了解桥面构造各部件的工作性能,合理选择,认真设计,精心施工。桥面的布置应在桥梁的总体设计中考虑,应根据道路等级、桥梁宽度、行车要求等条件确定。

第一节 桥面铺装

桥面铺装也称行车道铺装,其功能是保护属于主梁整体部分的行车道板不受车辆轮胎的直接磨耗,防止主梁遭受雨水的侵蚀,并能对车辆轮重的集中荷载起一定的分布作用,因此,桥面铺装应具有抗车辙、行车舒适、抗滑、不透水等特点。桥面铺装的结构形式宜与所在位置的公路路面相协调。

一、桥面布置

桥面布置应根据道路的等级、桥梁的宽度、行车要求等条件确定,主要有以下几种：

(1)双向车道布置，即行车道的上下行交通布置在同一桥面上，它们之间用画线分隔。由于在桥梁上同时存在上下行机动车和非机动车，车辆只能中速或低速行驶，对交通量较大的道路，桥梁往往会造成交通滞流状态。

(2)分车道布置，即桥面上设置分隔带或分离式主梁布置，使上下行交通分隔，甚至机动车道与非机动车道分隔，行车道与人行道分隔设置。这种布置方式可提高行车速度，便于交通管理。

(3)双层桥面布置，即桥梁结构在空间上提

供两个不在同一平面上的桥面构造。双层桥面布置可以使不同的交通严格分道行驶，提高了车辆和行人的通行能力，便于交通管理。同时，在满足同样交通要求时，可以充分利用桥梁净空，减小桥梁宽度，缩短引桥长度，达到较好的经济效益。

二、桥面横坡的设置

桥面设置纵横坡，以利雨水迅速排除，防止或减少雨水对铺装层的渗透，从而保护桥面板，延长桥梁的使用寿命。

桥面上设置纵坡，不仅有利于排水，在平原地区还可以在满足桥下设计净空要求的前提下，降低墩台高程，减少引桥长度或桥头引道土方量，从而节省工程费用。桥面的纵坡，一般做成双向纵坡，在桥中心设置竖曲线。

桥面横坡坡度可按路面横坡取用，或比后者大 0.5%。对于沥青混凝土或水泥混凝土铺装，行车道桥面通常采用抛物线型横坡，人行道则用直线型。通常有三种设置形式：

(1)对于板桥(矩形板或空心板)或就地浇筑的肋板式梁桥，为节省铺装材料并减小恒载，可将横坡直接设在墩台顶部，或墩台顶部为水平采用变高的支承垫石使桥梁上部结构形成双向倾斜，此时，铺装层在整个桥宽上做成等厚的。

(2)对于装配式肋板梁桥,为使主梁构造简单、架设与拼装方便,通常横坡直接设在行车道板上。在行车道板(全跨范围内)与等厚的混凝土桥面铺装层之间铺设一层厚度变化、形成双向倾斜的素混凝土三角垫层。桥面不很宽时,这种方式较常用。

(3)在桥宽较大的桥梁(如城市桥梁)中,用三角垫层设置横坡将使混凝土用量和恒载增加太多,为此,可将行车道板做成倾斜面而形成横坡。其缺点是主梁构造复杂,制作麻烦。

三、桥面铺装的类型

桥面铺装可采用水泥混凝土、沥青表面处治和沥青混凝土等各种类型。沥青表面处治桥面铺装耐久性较差,仅在中级或低级公路桥梁上使用。水泥混凝土和沥青混凝土桥面铺装性能良好,应用较广。

水泥混凝土的耐磨性能好,适合重载交通。水泥混凝土路面铺装直接铺设在防水层或桥面板上,层厚不宜小于80mm,其强度等级不应低于C40,铺设时应避免二次成型。水泥混凝土铺装层内应配置钢筋网,钢筋直径不应小于8mm,间距不宜大于100mm。

考虑到在大桥和特大桥中,因结构体系的原因,桥面板常受到拉、压应力的交替作用,为防止桥面铺装与受力而导致开裂,《公路桥涵设计通用规范》(JTG D60—2004)推荐在高速公路、一级公路上的特大、大桥宜采用沥青混凝土铺装。

沥青混凝土路面铺装由黏层、防水层、保护层及沥青面层组成,其总厚度宜为6～10cm,铺设方式分为单层式和双层式两种。高速公路、一级公路的沥青桥面铺装为双层式,下层为3～4cm中粒式沥青混凝土整平层,表面层的厚度与级配类型可与其相邻桥头引线相同,但不宜小于2.5cm。多雨潮湿地区、纵坡大于5%或设计车速大于50km/h的大中型高架桥、立交桥的桥面应铺设抗滑表层。

沥青混凝土维修养护方便,铺筑后几小时就能通车,但易老化和变形。因此,沥青材料应采用重交通沥青或改性沥青。改性沥青混凝土是近年来国内开展研究和铺筑的高性能沥青混凝土材料，它具有抗滑、密水、抗车辙、减少开裂等优点，值得推广应用。

国外也有使用环氧树脂涂层来达到抗磨耗、防水和减小桥梁恒载的目的的例子。这种铺装层的厚度通常为0.3～1.0cm。为保证其与桥面板牢固结合，涂抹前应将混凝土板面清刷干净。显然这种铺装的费用较昂贵。

第二节　桥面排水防水系统

桥面积水不利于行车安全，也给行人带来不便，为了保障桥面行车通畅、安全，防止桥面结构受流水侵蚀，应设置完善的桥面防水和排水设施。

一、防水层

桥面的防水主要由设置防水层来完成。防水层的作用是将透过铺装层渗下的雨水汇集于排水系统（泄水管）排出。桥面的防水层设置在桥面铺装层下面。

《公路桥涵设计通用规范》（JTG D60—2004）规定，桥面铺装要设置防水层，但其形式和方法应当视当地的气候、雨量和桥梁结构形式等具体情况而定。桥面伸缩缝处应连续铺设，不可切断；在主梁受负弯矩作用处，应设置柔性防水层。防水层应采用便于施工、坚固耐久、质量稳定的防水材料。当前，桥梁中常用的防水层有以下三种类型：

(1)沥青涂胶下封层，即首先撒布薄层沥青或改性沥青，其上再铺一层沙子，然后经反复碾压形成。

(2)高分子聚合物涂料，如聚氨酯胶泥、环氧树脂、阳离子乳化沥青、氯丁胶乳等。高分子聚合物涂料不但具有优异的弹塑性、耐热性和黏结性，而且具有与石油沥青制品良好的亲和性，能适应沥青混凝土在高温条件下的施工。由于施工简单方便，安全无污染，近年来得到广泛的使用，已成为各类大中型桥梁桥面防水施工的专用涂料。

(3)铺装沥青或改性沥青防水卷材,以及浸渍沥青的无纺土工布等。沥青防水卷材用作防水层,造价高,施工麻烦且费时。由于将行车道和铺装层分开,削弱了之间的连接,如果施工处理不当,将使桥面铺装层似有一弹性垫层,在车轮荷载作用下,铺装层容易起壳开裂。为了增强其抗裂性,可在其上的混凝土铺装层或垫层内铺设 φ3～φ6 的钢筋网,网格尺寸为 150mm×150mm 至 200mm×200mm。

二、排水设施

为了迅速排除桥面积水,保证行车安全,桥面应设置排水系统。排水系统主要由设置桥面纵横坡及一定数量的泄水管等组成。

泄水管的设置应依据设计径流量计算确定,但最大间距不宜超过 20m。通常,当桥面纵坡大于 2%而桥长小于 50m 时,桥上可以不设置泄水管,此时可在引道两侧设置流水槽,以免雨水冲刷路基;当桥面纵坡大于 2%而桥长大于 50m 时,桥上每隔 12～15m 设置一个泄水管;当桥面纵坡小于 2%时,应每隔 6～8m 设置一个泄水管。在桥梁伸缩缝的上游方向应增设泄水管,在凹形竖曲线的最低点及其前后 3～5m 处也应各设置一个泄水管。

桥面上泄水管的过水面积按每平方米桥面不少于 2～3cm^2 布置。

泄水管口可采用圆形或矩形。圆形泄水管口的直径宜为 15～20cm;矩形泄水管口的宽度宜为 20～30cm,长度为 30～40cm。泄水管常采用铸铁管或塑料管,最小内径为 15cm。泄水管周围的桥面板应配置补强钢筋网。

(一)竖向泄水管道

竖向泄水管道可以沿行车道两侧左右对称排列,也可交错排列,其离缘石的距离为 20～50cm,泄水管口顶部采用铸铁格栅盖板,其顶面应比周围路面低 5～10mm,桥面积水流入泄水管后直接向下排放。也可将泄水管布置在人行道下面,桥面水通过设在缘石或人行道构件侧面的进水孔流入泄水孔。安装泄水管时,应将其下端伸出桥面板底面以下 150～

200mm,以防止雨水浸润桥面板。如果桥面铺装层内设有防水层,则应让管道与防水层紧密结合,以便防水层上所积存的渗水能通过泄水管道排出桥外。

(二)横向泄水管道

对于一些跨径不大、不设人行道的小桥,有时为了简化构造和节省材料,可以直接在行车道两侧的安全带或路缘石上预留横向孔道,并用铁管或其他排水管将水排出桥外。横向泄水管道应伸出桥侧 20～30mm,以免积水浸润构件。这种泄水管道构造简单、安装方便,但因坡度较缓,容易堵塞。

(三)封闭式泄水管道

横向泄水孔道(尺寸单位:mm)对于跨越公路、铁路、通航河流的桥梁以及城市桥梁,为保证桥下行车行人安全及公共卫生的需要,应像建筑物那样设置封闭式的排水系统,将流入泄水管中的雨水汇集到纵向排水管(或排水槽)内,并通过设在墩台处的竖向排水管(落水管)流入地面排水设施或河流中。

排水管材料有铸铁管、塑料管(聚氯乙烯 PVC 或聚乙烯 PE)或钢管,其内径应等于或大于泄水管的内径。排水槽宜采用铝、钢或玻璃钢材料,其横截面为矩形或 U 形,宽度和深度均宜为 20cm 左右。纵向排水管或排水槽的坡度不得小于 0.5%。桥梁伸缩缝处的纵向排水管或排水槽应设置可供伸缩的柔性套筒。寒冷地区的竖向排水管,其末端宜距地面 50cm 以上。

当采用透水沥青混凝土铺装时,排水管的顶面应低于透水层的地面,以发挥排水系统的作用;集水口要有强大的集水功能,特别是对于有纵坡的长桥,应避免雨水沿纵坡向台后汇流;在伸缩缝前要有集水装置,以免伸缩缝的缝隙成为桥面雨水的出口,侵蚀伸缩缝,并影响支座和桥梁结构的耐久性。

第三节　桥梁伸缩缝施工

桥梁伸缩装置的主要作用是适应桥梁上部结构在气温变化、活载作用、混凝土收缩徐变等因素的影响下变形的需要，并保证车辆通过桥面时的平稳。一般设在两相邻梁端之间以及梁端与桥台背墙之间。特别要注意，在伸缩缝附近的栏杆、人行道结构也应断开，以满足梁体的自由变形。

桥梁伸缩装置直接暴露在大气中，承受车辆、人群荷载的反复作用，很小的缺陷和不足，都会引起跳车等不良现象，从而使其承受很大的冲击力，甚至影响到桥梁结构本身和通行者的生命安全，是桥梁结构中最易损坏又较难修缮的部位。在设计与施工过程中，应给予足够的重视。桥梁伸缩缝应满足下列要求：

(1)能够满足桥梁自由伸缩的要求，保证有足够的伸缩量。

(2)牢固可靠，与桥梁结构连为整体，抗冲击，经久耐用。

(3)桥面平坦，行驶性良好，车辆驶过时应平顺，无突跳和噪声。

(4)具有能够安全防水和排水的构造，有效防止雨水渗入。

(5)能有效防止垃圾渗入阻塞。敞露式的伸缩缝要便于检查和清除缝下沟槽的污物。

(6)构造简单，施工、安装方便，且养护、修理与更换方便。

(7)经济、价廉。

桥梁伸缩装置的类型有梳齿板式伸缩装置、橡胶伸缩装置、TST 碎石弹性伸缩缝等，目前多用橡胶伸缩装置。按照伸缩体结构不同，桥梁橡胶伸缩装置可分为纯橡胶式、板式、组合式和模数式四种，其选型主要视桥梁变形量的大小和活载轮重而定，目前最大适应伸缩量可达 3000mm。

桥梁变形量的大小主要考虑以伸缩装置安装时的温度为基准，由温度变化引起的伸缩量和混凝土的徐变、干燥收缩所引起的伸缩量作为基本伸缩量。

对于其他因素，例如梁端的转角变位、安装时的偏差等，一般都作为安全裕量和构造上的需要来考虑。通常在基本伸缩量的基础上，再增加20%的安全裕量即可。

一、梳齿板式伸缩缝

梳齿形钢板伸缩缝行驶性好，伸缩量大（可达40mm以上），在大、中型桥梁中得到普遍采用。按其支撑形式不同，分为悬臂式和支撑式两种，由于支撑式在冲击荷载作用下，耐久性较差，故多采用悬臂式。梳齿形钢板伸缩缝的缺点在于造价较高，制造加工困难，防水能力弱，清洁工作复杂。

二、TST碎石弹性伸缩缝

TST碎石弹性伸缩缝是20世纪70年代由英国发展起来的一种桥梁伸缩缝，适用于伸缩量不超过50mm的中、小跨径桥梁。在现场将特制的弹塑性复合材料TST加热熔融后，灌入经过清洗加热的碎石中，即形成了TST碎石弹性伸缩缝。碎石用以支撑车辆荷载，TST弹塑性体在－25～＋60℃条件下能够满足伸缩量的要求。

TST碎石弹性伸缩缝构造简单，施工方便快捷，易于维修和更换，通常施工完成后2～3h即可开放交通；若喷水加速冷却，1h后即可开放交通。由于TST碎石弹塑性体与前后桥面或路面铺装形成连续体，因而桥面平整无缝隙，行车时不致产生冲击、振动等，舒适性较好，其本身的防水性也较好。TST碎石弹性体可以在各个方向发生变形，因此这种弹性伸缩缝还可以满足弯桥、坡桥和斜桥在纵、横、竖三个方向的伸缩与变形，也可用于人行道伸缩缝。鉴于以上优点，TST碎石弹性体伸缩缝具有良好的应用前景。但由于是在路面铺装完成后再用切割器切割路面，并在其槽口内注入嵌缝材料而成的构造，故仅适用于较小的接缝部位，适用范围有所限制。

这类伸缩缝的关键是填缝材料的开发与应用，填缝材料必须柔软、有较大的变形能力、有较好的热稳定性，除上述的TST（一种改性沥青）弹塑性材料外,还有密封胶加集料形成的填充料等一些新产品。

三、橡胶伸缩缝

橡胶伸缩缝采用各种断面形状的橡胶带(或板)作为嵌缝材料。由于橡胶(一般为氯丁橡胶)既富有弹性,又易于胶贴,并且能满足变形要求和具备防水功能,施工及养护维修也很方便,故目前在国内外桥梁工程中得到广泛的应用。

橡胶伸缩缝根据橡胶带(或板)传力和变形机理的不同可分为嵌固对接式和剪切式两类。

嵌固对接式以橡胶带的拉压变形来吸收梁体的变形。橡胶带的断面有3节形、2孔条形、3孔条形、M形、W形和倒U形等多种形式。通常将梁架好后,在梁端焊上角钢,涂上胶后,再将橡胶嵌条强行嵌入,或者用不同形状的钢构件将不同形状的橡胶条嵌牢固定即可。

板式橡胶伸缩缝是利用橡胶伸缩体上下凹槽之间的剪切变形来适应梁体结构的相对位移,因此也称为剪切式橡胶伸缩缝。板内埋设承重钢板跨越梁端间隙,承受车辆荷载。橡胶板两侧预埋两块锚固钢板,并设有预留螺栓孔,通过螺栓与梁端连成整体。板式橡胶伸缩缝是一种刚柔结合的装置,具有一定的竖向刚度,跨越间隙的能力大(变形范围可达30~300mm),但安装较困难,伸缩时会出现高差变化,甚至会出现橡胶板脱落的现象,在大交通量下易于损坏。

变形量更大的大跨度桥上,可以采用橡胶和钢板组合模数式伸缩缝构造。其中,橡胶嵌条的数量可按变形量的大小选取,车轮荷载则通过一组钢板来传递。常用的有D80型和D160型伸缩缝(数字代表容许变形量,以mm计),这种伸缩缝的变形量可达1040mm(即D1040型)。组合伸缩缝有多种形式,构造也较复杂。

规范规定,对于多跨简支梁桥,桥面应尽量做到连续,使得多孔简支梁桥在竖直荷载作用下的变形状态为简支或部分连续体系,而在纵向水平力作用下则属于连续体系。桥面连续措施的实质,就是将简支上部构造在其伸缩缝处施行铰接。伸缩缝处的桥面部分应当具有适应车辆荷载作用所需的柔性,并应有足够的强度来承受因温度变化和制动作用所产生的纵向力。钢筋 N2 和钢板 N6 需预先焊好,埋设在主梁内。预制梁时,梁端接缝处从翼板根部向上在全梁宽度按 10∶1 做成斜面,在进行桥面进行连续前先涂黄油,再填 C30 混凝土。

但经验表明,采用桥面板连续构造,连续部分桥面易开裂,因此近年来发展了简支－连续结构,使多跨简支梁桥在一期恒载作用下处于简支体系受力,在二期恒载和活载作用下处于连续体系的受力。这种简支－连续结构具有施工方便,减少桥面伸缩缝,行车平顺等优点,因此得到了越来越广泛的使用。

桥梁一般均需设置伸缩缝,以满足温度变形的要求。由于设置在桥面的接缝处,伸缩缝受到结构集中变形、外部环境侵蚀和汽车荷载的反复冲击作用,成为桥梁结构中最易遭到破坏的部位。桥梁伸缩装置易损难修,是国内外公认的难题。为此,一方面,人们对其性能进行不断改进,另一方面,通过各种工程措施,尽量减少它的使用,如多跨简支梁采用桥面连续构造,梁桥结构采用长联的连续梁、连续刚构等。20 世纪 60 年代,美国的桥梁工程师提出了“无伸缩缝桥梁”的概念,并开始应用。经过几十年的发展,这种桥梁已经在美国、加拿大、英国、德国和日本等国被大量应用。其中,应用最广泛的是整体式桥台桥梁和半整体式桥台桥梁。

整体式桥台桥梁的桥台是由柔性桩基础(国外绝大多数采用 H 型钢)和上部结构整体地浇筑成一体构成,称为整体式桥台,桥台上不设伸缩缝装置。它在消灭伸缩缝与支座的同时,由于梁与桥台为整体结构,可以避免出现地震作用下的落梁问题,台后的填土可吸收地震时桥梁振动的大量能量,减轻地震对桥梁结构的破坏作用;由于桥梁整体性强,还提高了桥梁抵抗洪水横向冲击力的能力。

整体式桥台桥梁的上部结构在温度作用下的伸缩变形由桥台的柔性变形和台后的土体变形来实现。因此,台后的填缝材料要求排水性能较好,且达到 95%的压实度,以消除搭板可能产生的沉陷。

桥台基础为刚性基础无法采用整体式桥台桥梁时，可采用半整体式桥台桥梁，它对刚性桥台与梁体或部分端墙采用零弯矩（类似铰接，只传递轴力和剪力，而不传递弯矩）连接，通过上部结构端部的转动和微小的水平变位实现其温度变化引起的伸缩变形，并传到台后的填土中。它的地震耗能能力和整体性差于整体式桥台桥梁，但它在相同的温度差作用下，桥长限值比整体式桥台无缝桥梁大，而且可用于非柔性桥台。

整体式或半整体式桥台桥梁，在国外已成为新建梁桥的主要桥型。美国至今使用的无伸缩缝桥梁约 13000 座，特别推荐住地震区使用，且规定新建桥梁总长小于 100m 时应首选无缝桥。英国则规定新建桥梁总长小于 60m 时应首选无缝桥梁。此外，日本、澳大利亚和欧洲各国都对无伸缩缝桥梁进行了大量的研究与应用。尽管无缝桥梁由于各地气候条件、台后填土材料和工程师习惯的差异，迄今还未有认可度很高的技术规范，但桥梁的无缝化无疑已成为世界桥梁的发展趋势。相比较而言，我国在无缝桥梁的研究与应用方面还刚刚起步，应积极探索、积累经验、加以推广。在我国，中小桥量大面广，在目前服役的 80 余万座公路桥梁中，总长 100m 以内的中小型桥梁占 88%，因而在中小桥上实现无缝化具有重要的意义。

四、人行道、栏杆、护栏与灯柱

位于城镇和市郊等人口稠密地区的桥梁均应设置人行道、栏杆及灯柱，在城镇以外、行人稀少地区的公路桥梁上，可以不设人行道和灯柱，但必须设置栏杆、安全带或护栏。这些设施虽然并不直接参与桥梁结构的受力，但它们对于行人和车辆的安全以及桥梁的美观有着重要的作用，城市桥梁的栏杆和灯柱设计还应重视艺术造型设计，应简洁明快，并与周围的环境和桥梁结构整体相协调，给行人和车辆驾驶员提供广阔的视野。

参考文献

[1]李景龙,隋斌,屠文锋.地下工程施工过程围岩稳定性风险评估与耐久性设计[M].上海:上海科学技术出版社,2023.

[2]康召才,刘长天.公路桥梁工程设计与施工管理[M].哈尔滨:哈尔滨出版社,2023.

[3]黄景海,金宏波,田青春.道路桥梁施工技术与管理研究[M].长春:吉林科学技术出版社,2023.

[4]赵福君,王怡森,易亮.公路桥梁施工技术与管理研究[M].北京:现代出版社,2023.

[5]李文超,温志剑,赵晓龙.高速公路桥梁工程建设与设计[M].长春:吉林科学技术出版社,2023.

[6]戴隆强,骆杨,胡泉辉.道路与桥梁工程施工技术研究[M].北京:中国商务出版社,2023.

[7]殷新锋,刘扬.公路桥梁－车辆耦合振动理论及应用[M].北京:人民交通出版社,2023.

[8]白蓉蓉,耿华,吴京伟.桥梁工程建设与检测技术[M].延吉:延边大学出版社,2023.

[9]魏强.高速铁路施工组织创新与实践[M].北京:中国铁道出版社,2023.

[10]张涛.装配式桥梁建造关键技术[M].北京:中国建筑工业出版社,2023.

[11]孟凡超,金秀男.公路基础设施建设与养护[M].北京:人民交通出版社,2023.

[12]张业茂,赵锡娟.绿色低碳技术在道桥工程中的应用研究[M].武汉:

武汉理工大学出版社,2023.

[13]任永杰,郑志龙,王波作.交通建设与道路桥梁养护[M].长春:吉林科学技术出版社,2023.

[14]赵健,周冠南,樊立龙.大跨度PK宽箱混合梁斜拉桥设计与施工关键技术[M].北京:清华大学出版社,2023.

[15]曲维荣.工程勘测设计与建设管理实践研究[M].延吉:延边大学出版社,2023.

[16]陈文礼.大跨度桥梁拉索风效应与流动控制[M].北京:科学出版社,2023.

[17]申由甲,张军,李珑.公路建设与施工技术管理[M].哈尔滨:东北林业大学出版社,2023.

[18]刘庆,张谦,徐鸿轩.土木工程中BIM技术的应用实践[M].长春:吉林科学技术出版社,2023.

[19]孙宗磊,苏伟,孟繁增.邻近高速铁路立交工程关键技术研究与实践[M].北京:人民交通出版社,2023.

[20]张磊,周裔聪,林培进.公路桥梁施工与项目管理研究[M].延吉:延边大学出版社,2022.

[21]张君瑞,林智,左宝仪.道路桥梁工程技术研究[M].长春:吉林科学技术出版社,2022.

[22]杨光耀,杨新,郑胜利.公路桥梁施工与维修养护研究[M].长春:吉林科学技术出版社,2022.

[23]宫钦明,刘文杰,姜少朋.现代公路与桥梁工程建设研究[M].北京:中国商务出版社,2022.

[24]盛黎明,苏伟,刘延宏.高速铁路桥梁BIM技术研究与实践[M].北京:中国铁道出版社,2022.

[25]周全,马隽,彭寅.城市建成区域路桥设计施工技术与交通组织优化[M].长春:吉林科学技术出版社,2022.

[26]李振中,马秀娟,吴斐斐.公路桥梁设计与施工技术研究[M].长春:

吉林科学技术出版社,2022.
[27]李世鑫.市政工程与道路桥梁建设[M].沈阳:辽宁科学技术出版社,2022.
[28]孙海霞.桥梁工程 BIM 技术及工程应用[M].北京:化学工业出版社,2022.
[29]唐皇,彭建新,张建仁.钢板加固锈蚀钢筋混凝土桥梁结构力学行为[M].北京:人民交通出版社,2022.
[30]樊伟,刘斌作.桥梁船撞分析[M].北京:人民交通出版社,2022.
[31]张慧.公路工程与施工技术研究[M].北京:北京工业大学出版社,2022.
[32]姚国文,李世亚,郭增伟.桥梁索结构腐蚀疲劳性能与损伤机理[M].北京:科学出版社,2022.
[33]王秀林,潘光森,韩涛.公路工程机械化施工与管理[M].长春:吉林科学技术出版社,2022.